En parejas 4

A Four-Book Series of Communicative Activities

Lucía Caycedo Garner
University of Wisconsin—Madison

Debbie Rusch
Boston College

Marcela Domínguez
University of California, Los Angeles

Houghton Mifflin Company   Boston

Dallas   Geneva, Illinois   Palo Alto   Princeton, New Jersey

Illustrations by Walt Fournier
Activities 6, 8, 15, 17, 23, 24

Illustrations by Stephanie O'Shaughnessy
Activities 2, 4, 11, 19

Photographs

Part A: Activity 5: AP/Wide World Photos; *Act. 13 top:* Camerique/H. Armstrong Roberts; *Act. 13 bottom:* Jon Feingersh/Stock Boston; *Act. 14:* Laima Druskis/Photo Researchers; *Act. 18 left:* Robert Frerck/Odyssey Productions; *Act. 18 right:* Metropolitan Museum of Art, The Michael C. Rockefeller Memorial Collection, Bequest of Nelson A. Rockefeller, 1979. (1979.206.1172)

Part B: Activity 5: AP/Wide World Photos; *Act. 13:* Camerique/H. Armstrong Roberts; *Act. 14:* Joe Demaio/The Picture Cube; *Act. 18 left:* Robert Frerck/Odyssey Productions; *Act. 18 right:* Metropolitan Museum of Art, The Michael C. Rockefeller Memorial Collection, Bequest of Nelson A. Rockefeller, 1979. (1979.206.1172)

Realia

Page 16 (B): advertisement from La Tribuna, *March 21, 1990. Reprinted by permission. Clínica "New Nose," Tegucigalpa, Honduras.*

Cover design by Darci Mehall

Printed in the U.S.A.

ISBN: 0–395–55431–4

Library of Congress Catalog Card Number: 90–83013

BCDEFGHIJ-B-9987654321

Contents

Actividad 7: Se necesita . . .

Communicative functions	Language focus	Topics and vocabulary
Getting and giving information about a job • Talking about work and educational experience • Discussing job qualifications and responsibilities	Preterit • Imperfect • Present subjunctive in adjective clauses • Present perfect	**¿Cuánto tiempo hace que . . . ?** • Job-related vocabulary

Actividad 8: El viaje problemático

Communicative functions	Language focus	Topics and vocabulary
Describing past experiences • Persuading	Preterit • Imperfect	Vacation-related vocabulary • **Peor**

Actividad 9: Los mensajes para la jefa

Communicative functions	Language focus	Topics and vocabulary
Reporting what someone has said • Giving direct and implied commands • Giving excuses • Resolving conflicts	Reported speech • Subjunctive in noun clauses and implied commands • Imperfect • Preterit • Commands	General

Actividad 10: La visita del presidente

Communicative functions	Language focus	Topics and vocabulary
Planning a schedule • Agreeing and disagreeing	Present subjunctive in adverbial clauses	Adverbial conjunctions

Actividad 11: Libertad al fin

Communicative functions	Language focus	Topics and vocabulary
Discussing future plans • Conveying bad news • Being tactful	Future	Personal activities

Actividad 12: ¿Cómo lo harán?

Communicative functions	Language focus	Topics and vocabulary
Discussing ads • Expressing probability	Future of probability • Present subjunctive	General

Actividad 13: ¿A quién invitamos?

Communicative functions	Language focus	Topics and vocabulary
Describing people • Expressing and supporting opinions	Present subjunctive • Simple present • Future	Personal characteristics and interests

Actividad 14: Las becas Fulbright

Communicative functions	Language focus	Topics and vocabulary
Describing people • Agreeing and disagreeing • Expressing and supporting opinions	Preterit • Imperfect • Present subjunctive • Present perfect	Personal characteristics and interests

Actividad 15: La mejor ruta

Communicative functions	Language focus	Topics and vocabulary
Interpreting and sharing information • Making decisions • Giving directions	Simple present • Present subjunctive • **Si** + *simple present*	Public events and occurrences

Actividad 16: ¿Quién recibirá el corazón?

Communicative functions	Language focus	Topics and vocabulary
Comparing characteristics of people • Agreeing and disagreeing • Expressing and supporting opinions	Simple present • Present subjunctive • **Ser/estar**	Medical terms • Occupations • Marital status

Actividad 17: La pirámide de los $25 millones

Communicative functions	Language focus	Topics and vocabulary
Creating lists • Guessing categories	Conditional • Adjective agreement • Preterit • Imperfect	General

Actividad 18: Civilizaciones perdidas

Communicative functions	Language focus	Topics and vocabulary
Describing objects • Guessing uses • Giving clues	Imperfect • Past of probability (conditional) • Question formation	Everyday activities

Actividad 19: Conflictos en el apartamento

Communicative functions	Language focus	Topics and vocabulary
Negotiating • Agreeing and disagreeing • Offering alternatives • Complaining	**Si** + *simple present* • Future	Household objects • Daily activities • **Me molesta** • **Me parece**

Actividad 20: El viaje de estudios

Communicative functions	Language focus	Topics and vocabulary
Comparing and contrasting information · Agreeing and disagreeing · Negotiating · Making a decision	Comparisons of equality and inequality · **Si** + *simple present* · Future	Prepositions of location · School-related vocabulary

Actividad 21: ¿Qué hubieras hecho tú?

Communicative functions	Language focus	Topics and vocabulary
Summarizing a story · Hypothesizing	**Si**-clauses · Pluperfect subjunctive · Conditional perfect	Personal experiences

Actividad 22: En cadena

Communicative functions	Language focus	Topics and vocabulary
Hypothesizing	**Si** + *imperfect subjunctive* · Conditional	General

Actividad 23: El avión del futuro

Communicative functions	Language focus	Topics and vocabulary
Expressing preferences · Showing doubt · Stating opinions · Convincing · Hypothesizing	**Si** + *imperfect subjunctive* · Conditional · Present subjunctive	Airplane-related vocabulary · Everyday activities

Actividad 24: El Dorado

Communicative functions	Language focus	Topics and vocabulary
Asking and answering questions	Question words (review)	Hispanic culture

Actividad 25: Amigos íntimos

Communicative functions	Language focus	Topics and vocabulary
Hypothesizing · Expressing and supporting opinions · Giving and receiving compliments	**Si** + *imperfect subjunctive* · Conditional · Future	Personal information

To the Instructor

En parejas is a four-book series of communicative activities designed to supplement the first two years of a college or university Spanish program or all four years of a high-school program. The underlying premise of the series is that students learn best by doing. *En parejas* offers elementary and intermediate students of Spanish interesting communicative activities that provide realistic practice of important language functions. The information gap format, in which pairs of students perform tasks simultaneously on the basis of differing information, increases student communication time and provides a natural motivation for speaking. These activities provide an important support for achieving effective student-to-student interaction.

Description of the Series

Each book is divided into two sections: the first part for student A and the second part, which is upside down, for student B. Each student has a different set of information needed to carry out a task; for example, when making reservations, student A has a train schedule and student B has a description of the destination and times he/she must inquire about. The instructions for each student are separated in order to create the information gap.

The activities in each book practice the high-frequency functions, grammar points, and vocabulary covered in most texts. The use of pair activities decreases student anxiety and increases speaking time, thereby providing an environment that is conducive to language learning. This is in keeping with the goals of the oral proficiency movement and current trends in language teaching.

How to Use En parejas

Student Responsibilities

In order to receive the maximum benefit from the use of pair activities, encourage students to have fun and to use their imagination. They should know that they are active participants in their own learning process and that, during pairwork, they have the following responsibilities:

1. to work cooperatively.

2. to look only at their own information and not to peek at their partner's book.

3. to enunciate and speak clearly and to insist on clear pronunciation from their partner.

4. to ask for clarification if needed.

5. to correct each other's grammar when necessary.

6. to use their hands to gesture unless specifically instructed otherwise.

Once students recognize their responsibilities during pair work, anxiety will decrease and a productive environment will be established.

Selecting an Activity

En parejas is intended to enhance classroom teaching. The activities are designed to be used either as culminating activities after studying a particular function, grammar point or word set, or as reentry of already learned items. Students should already have worked with and should be familiar with the structures and vocabulary needed to carry out the task. The activities are not meant to be used during the introductory or drill phase of instruction. If students are well-prepared before doing an activity, errors should be minimal and should not impede communication.

Although the order of activities is in keeping with the sequences commonly presented in many textbooks, the activities may be done in any order as dictated by the course syllabus and the judgment of the instructor. The table of contents indicates which functions, grammar points, and vocabulary are needed to carry out each activity. Consult the table of contents to choose activities that are appropriate for the topic being covered in the classroom. High-frequency functions are practiced more than once, allowing the students to apply their knowledge to a variety of situations.

Forming Pairs

Vary partners frequently so that students are constantly working with different members of the class. Here are a few suggestions for forming pairs:

1. Pair students according to ability: stronger students with weaker ones or strong with strong.

2. Pair students randomly:

   a. Divide the class in half and have students number off; then number 1 works with number 1, number 2 with number 2, etc.

   b. Students choose their partner themselves.

   c. Arrange students alphabetically: pair students from opposite ends of the alphabet or according to the class roster.

3. Arrange groups by sex: males with males or males with females.

For classes with an odd number of students, have one group of three students work together with two of the students doubling up to work one part; have one student monitor a pair of students; or, place three students who work quickly in one group, thus allowing them to do the activity twice.

It is not recommended that you pair yourself with the extra student, since you should monitor all groups, answer any questions that come up, and make sure that all students are on task and actively engaged.

Many of the activities in the series simulate real-life situations. In order to help students visualize the scene, have them recreate the situation as much as possible. For example, when simulating a phone conversation, students can sit back to back. Or, if recreating a scene in a store, one student can stand behind his/her desk, which represents a counter.

Introducing an Activity

Before beginning an activity, make sure students understand the function or functions being practiced and the grammar and vocabulary needed to carry out the functions. Pay special attention to the useful expressions that are given at the beginning of each activity.

To ensure that each student knows exactly what his/her role is, read through the directions with the students or have the students read through the directions alone. Circulate at the beginning of the activity to make sure all students are working appropriately on the task. It is also possible to model the beginning of an activity with a student or to have two students model the activity before having the whole class begin.

In order to ensure that all students become involved immediately, set a time limit on the activity. Students will attack the task with more vigor if the time limit is a little bit less than what actually may be needed. For example, if an activity should take approximately seven minutes, set a time limit of five minutes. Since some activities are open-ended, it is important for students to know how much time they have.

If a follow-up activity is going to be done (such as reporting back to the class with your findings, writing a newspaper article about the person you are interviewing, etc.), make sure this is clear before beginning.

While an Activity Is in Progress

It is important to monitor pair activities. At this time you may do any or all of the following things:

1. Make sure students are on task.

2. Offer suggestions.

3. Answer questions.

4. Correct individual errors when communication is impeded.

5. Note grammatical errors for further classroom work.

6. Note problem areas of pronunciation for further classroom work.

While an activity is in progress, you must decide when to stop the activity. It is not necessary that all groups finish each activity. Just playing the game can be more important than winning. When two or three groups have finished, they can either reverse roles or you can end the activity for the whole class.

Wrapping Up an Activity

No matter how you choose to end an activity, it is important that the students know how they will be held accountable for what is accomplished during the pair activity. Here are a few suggestions for wrap-up activities:

1. Have individuals report their findings to the class. The first activity in each book allows students to get to know each other. A group sharing at this point may be quite productive to reduce anxiety.

2. Identify a group that has done something humorous and have them share with their peers, either by reporting back or by acting out the activity for the class.

3. Many activities can be self-checked by having pairs compare their completed activity (pictures, lists, data, etc.).

4. Collect and correct for accuracy activities that require a specific interchange of data.

5. Assign a brief composition, newspaper article, follow-up letter, etc., based on the contents of the activity.

Advantages of Pairwork

Frequent use of interactive pairwork activities provides a variety of benefits, including the following:

1. Students learn to depend on and learn from each other through cooperative interaction.

2. Self-esteem is fostered: every student is important and vital to the interaction.

3. Student motivation increases since every student must participate in the activity.

4. Class dynamics improve.

5. As students gain confidence in their abilities, their fear of speaking decreases and motivation increases.

6. Individual creativity and imagination are encouraged.

7. Problem-solving skills are strengthened.

8. The foreign language becomes a natural means to convey real meaning and personal ideas.

9. Students learn to have fun and express humor in Spanish.

10. The language learning process becomes enjoyable and self-directed.

En parejas   4

Actividad 1: La línea de tu vida

Completa la siguiente línea con, por lo menos, cinco años o fechas importantes de tu vida. Luego mira la línea de la vida de tu compañero/a y hazle preguntas como las siguientes:

¿Qué ocurrió en . . . ?
¿Por qué es esta fecha importante para ti?
¿Qué estabas haciendo cuando . . . ?
¿Qué hacías normalmente cuando . . . ?

fecha de nacimiento

hoy

Tú empiezas diciendo: *¿Qué hiciste en el año . . . ?*

Actividad 2: ¿Iguales o diferentes?

Tú y tu compañero/a tienen seis dibujos. Algunos son iguales y otros son diferentes. Tu compañero/a va a describir los números impares (1, 3, 5) y tú vas a decidir, a base de su descripción, si los dibujos son idénticos o si tienen diferencias. Quizás tengas que hacerle algunas preguntas para estar seguro/a. Después tú vas a describirle los números pares (2, 4, 6) a tu compañero/a.

Tu compañero/a va a empezar.

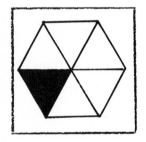

1. Iguales _____
   Diferentes _____

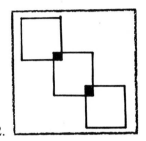

2. Iguales _____
   Diferentes _____

3. Iguales _____
   Diferentes _____

4. Iguales _____
   Diferentes _____

5. Iguales _____
   Diferentes _____

6. Iguales _____
   Diferentes _____

Actividad 3:   Recuerdos de la infancia

Estás con tu mejor amigo/a recordando las cosas que hacían y que hicieron cuando eran niños/as. En la siguiente caja tienes algunas cosas típicas que les ocurren a los niños y que ellos hacen. Usa expresiones como:

Todos los fines de semana íbamos . . .
¿Recuerdas cuando . . . ?
Un día . . .
¿Qué hacías durante las vacaciones de verano?

Tu compañero/a va a empezar.

Actividad 4:   Memoria incompleta

Hace cuarenta y cinco años que estás casada y ahora estás con tu esposo recordando los años en que eran novios. El siguiente es un dibujo de tu cabeza con algunas cosas que recuerdas. Al hablar, usa expresiones como:

Cuando éramos jóvenes . . .
Un día fuimos . . .
Nos casamos . . .
¡Qué mala memoria tienes!
¡No es verdad!

Tú empiezas diciendo: *¡Cómo pasa el tiempo! ¿Recuerdas . . . ?*

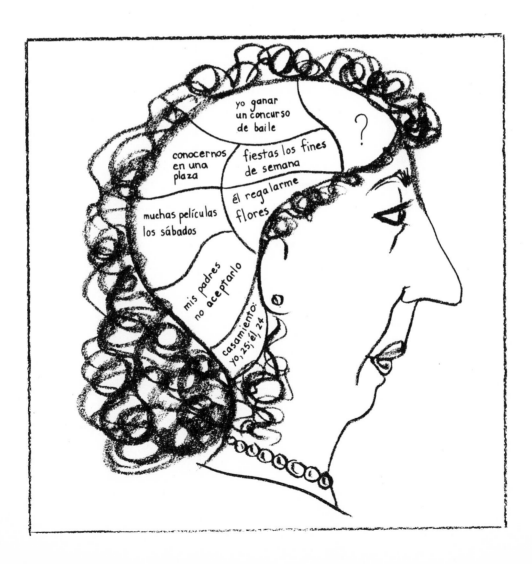

Actividad 5: La vida de Evita

Tú y tu compañero/a tienen información incompleta sobre la vida de Eva Perón, la mujer más poderosa de la historia de Argentina. Compartan información para completar su biografía. Haz preguntas como:

¿Qué ocurrió en el año . . . ?   **¿Dónde vivía?**
¿En qué año fue a . . . ?   **¿Qué hizo ella en 1946?**
¿Con quién se casó?

Tú empiezas diciendo: ***¿Quién nació en 1919?***

Eva Perón 1919–1952

1919   _____ nace en Los Toldos, un pequeño pueblo a 320 km de Buenos Aires. Hija ilegítima. Vive en una casita muy pobre.

_____   Llega a Buenos Aires con un famoso guitarrista y cantante de _____. Trabaja como actriz.

1941   Empieza a trabajar para una estación de radio. Gana $_____ por mes.

1944   Conoce a _____ en una reunión para ayudar a las víctimas de un terremoto en la provincia de San Juan. Ella tiene 24 años, él _____ años. Perón comienza a ser popular gracias a Evita.

1945   Se casan en secreto.

1946 Perón es nombrado _____. Evita es ahora dueña de tres periódicos y una estación de radio. Es obligatorio tener la foto de Evita en todos los establecimientos públicos. Eva nombra a un cuñado _____ y a su hermana _____. Ella quiere ser vicepresidente, pero los militares se oponen.

_____ Viaja a Europa sin Perón. Lleva en su avión dos criadas, un peluquero, un cura jesuita, _____. España gasta _____ en su recibimiento. Aparece en la cubierta de la revista *Time*.

1952 Se enferma de cáncer y muere el 26 de julio de 1952. Tiene _____ años. Los negocios cierran por tres días. Junto a su cuerpo las flores llegan a una altura de _____. Veinte millones de personas van a verla. _____ personas mueren en su funeral y cuatro mil tienen que ser hospitalizadas. A los cuatro meses de morir Evita, _____. Se esconde el cadáver de Evita; más tarde se manda secretamente a Italia y muchos años después a España. Perón pasa muchos años en el extranjero sin poder volver a su país.

1973 Perón es nombrado _____ y su nueva esposa, Isabelita, es nombrada vicepresidente.

1974 Muere Perón y su esposa lleva el cadáver de Evita a Buenos Aires. Ahora está enterrado en un cementerio a _____ metros bajo tierra en una tumba que puede resistir un ataque nuclear.

Actividad 6: El terremoto

Vives en Santiago, Chile. Anoche hubo en tu ciudad un terremoto de 6.3 en la escala de Richter. Hoy estás hablando con un/a amigo/a sobre lo que estaban haciendo antes del terremoto y lo que pasó después. Tú estabas trabajando en un restaurante y quieres explicarle lo que pasó allí anoche. Mira los dos dibujos y cuéntale lo que pasó. Usa frases como:

Había . . .

Un violinista tocaba . . .

Estábamos . . .

Les acababan de traer un
   cochinillo asado . . .

. . . cuando de repente . . .

Y después la peluca y los
   anteojos del señor . . .

Tu compañero/a va a empezar.

Actividad 7: Se necesita . . .

Trabajas para la organización V. E. E. (Viajes Estudiantiles a Europa). Uds. están buscando guía para acompañar a un grupo de estudiantes a España y a Inglaterra este verano. Aquí tienes una descripción del programa y una lista de los requisitos para el puesto. Recibes una llamada de una persona interesada en el puesto y empiezas a hacerle una corta entrevista por teléfono. Usa frases como:

El viaje incluye . . .

Está incluido . . .

¿Alguna vez ha . . . ?

¿Conoce Ud. bien . . . ?

Se busca una persona que . . .

¿Cuánto tiempo hace que
  estuvo Ud. en . . . ?

¿Le gustó / Le gusta . . . ?

Ud. debe pasar por
  nuestra oficina y . . .

Tú empiezas diciendo: *Viajes Estudiantiles a Europa, buenos días.*

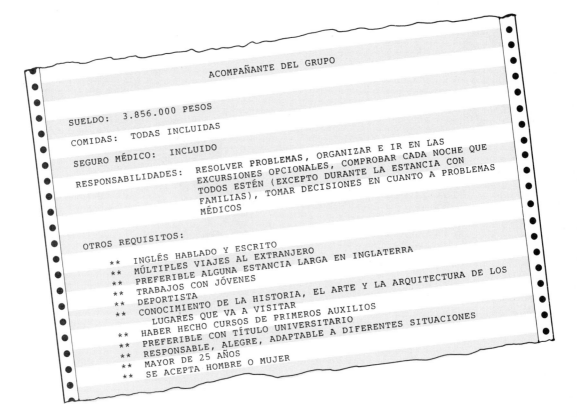

ACOMPAÑANTE DEL GRUPO

SUELDO: 3.856.000 PESOS

COMIDAS: TODAS INCLUIDAS

SEGURO MÉDICO: INCLUIDO

RESPONSABILIDADES: RESOLVER PROBLEMAS, ORGANIZAR E IR EN LAS EXCURSIONES OPCIONALES, COMPROBAR CADA NOCHE QUE TODOS ESTÉN (EXCEPTO DURANTE LA ESTANCIA CON FAMILIAS), TOMAR DECISIONES EN CUANTO A PROBLEMAS MÉDICOS

OTROS REQUISITOS:
 ** INGLÉS HABLADO Y ESCRITO
 ** MÚLTIPLES VIAJES AL EXTRANJERO
 ** PREFERIBLE ALGUNA ESTANCIA LARGA EN INGLATERRA
 ** TRABAJOS CON JÓVENES
 ** DEPORTISTA
 ** CONOCIMIENTO DE LA HISTORIA, EL ARTE Y LA ARQUITECTURA DE LOS LUGARES QUE VA A VISITAR
 ** HABER HECHO CURSOS DE PRIMEROS AUXILIOS
 ** PREFERIBLE CON TÍTULO UNIVERSITARIO
 ** RESPONSABLE, ALEGRE, ADAPTABLE A DIFERENTES SITUACIONES
 ** MAYOR DE 25 AÑOS
 ** SE ACEPTA HOMBRE O MUJER

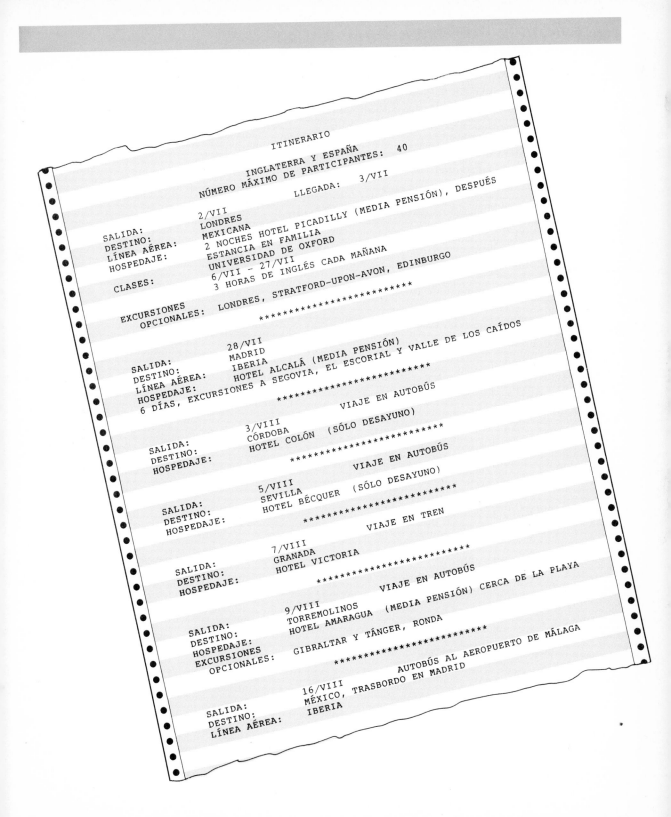

ITINERARIO

INGLATERRA Y ESPAÑA
NÚMERO MÁXIMO DE PARTICIPANTES: 40

LLEGADA: 3/VII

SALIDA: 2/VII
DESTINO: LONDRES
LÍNEA AÉREA: MEXICANA
HOSPEDAJE: 2 NOCHES HOTEL PICADILLY (MEDIA PENSIÓN), DESPUÉS
ESTANCIA EN FAMILIA
UNIVERSIDAD DE OXFORD
CLASES: 6/VII – 27/VII
3 HORAS DE INGLÉS CADA MAÑANA

EXCURSIONES
OPCIONALES: LONDRES, STRATFORD-UPON-AVON, EDINBURGO
****

SALIDA: 28/VII
DESTINO: MADRID
LÍNEA AÉREA: IBERIA
HOSPEDAJE: HOTEL ALCALÁ (MEDIA PENSIÓN)
6 DÍAS, EXCURSIONES A SEGOVIA, EL ESCORIAL Y VALLE DE LOS CAÍDOS
****

VIAJE EN AUTOBÚS

SALIDA: 3/VIII
DESTINO: CÓRDOBA
HOSPEDAJE: HOTEL COLÓN (SÓLO DESAYUNO)
****

VIAJE EN AUTOBÚS

SALIDA: 5/VIII
DESTINO: SEVILLA
HOSPEDAJE: HOTEL BÉCQUER (SÓLO DESAYUNO)
****

VIAJE EN TREN

SALIDA: 7/VIII
DESTINO: GRANADA
HOSPEDAJE: HOTEL VICTORIA
****

VIAJE EN AUTOBÚS

SALIDA: 9/VIII
DESTINO: TORREMOLINOS
HOSPEDAJE: HOTEL AMARAGUA (MEDIA PENSIÓN) CERCA DE LA PLAYA
EXCURSIONES
OPCIONALES: GIBRALTAR Y TÁNGER, RONDA
****

AUTOBÚS AL AEROPUERTO DE MÁLAGA

SALIDA: 16/VIII
DESTINO: MÉXICO, TRASBORDO EN MADRID
LÍNEA AÉREA: IBERIA

En parejas 4A

11

Actividad 8: El viaje problemático

Tú fuiste de viaje a Florida, a una playa de Miami, y tuviste muchos problemas.
Ahora vas a contarle el viaje a tu compañero/a. Intenta convencer a tu compañero/a
de que tu viaje fue peor que el viaje de él/ella. Usa expresiones como:

> **Tuve mala suerte.**
> **Estaba en una cafetería cuando de repente . . .**
> **¿Qué te ocurrió?**
> **Mi viaje fue peor porque . . .**

Tú empiezas diciendo: ***¿Adónde fuiste de viaje?***

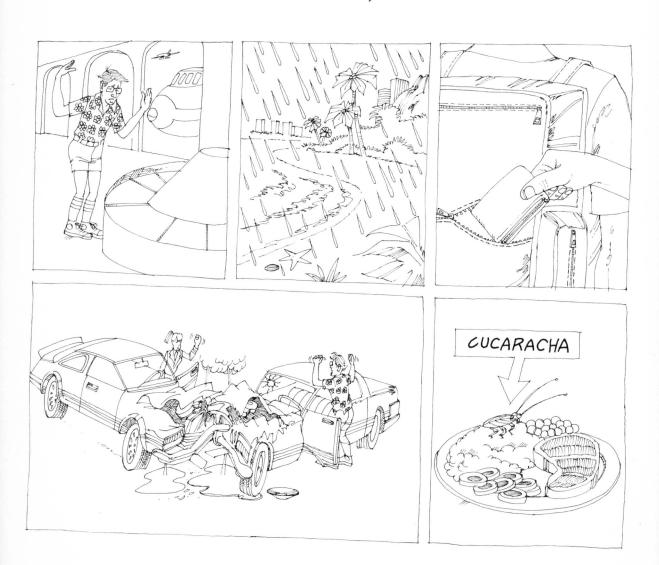

Actividad 9: Los mensajes para la jefa

Tú eres la Sra. Trabamucho y ayer estabas haciendo un viaje de negocios. Hoy, martes, regresas a la oficina y le preguntas a tu secretario/a si hay mensajes para ti. Mientras escuchas los mensajes, completa tu agenda. ¡Ojo! Hay conflictos entre los mensajes y la información de tu agenda. Usa expresiones como:

¿Quién llamó?
Llama a . . . y dile que . . .
No puedo porque . . .

Tu compañero/a va a empezar.

lunes 23   Viaje de negocios. Avianca # 340 sale 7:20 a.m a Medellín #345 sale 5:15 p.m. (llega a Caracas a las 7:00) Limosina a casa.

martes 24   Reunión ejecutiva. Pasar a buscar el carro al taller de Honda a las 5:00. Avión del Sr. Yamamoto llega a las 9:00 p.m.

miércoles 25   9:30 Cita con Pedro Gómez en su oficina. Secretario/a: llamar al agente de viajes para confirmar mi pasaje, pedir ventanilla en "no fumadores."

jueves 26   10:00 Reunión con los empleados Cumpleaños de la hija de Pili. ¡¡¡ NO OLVIDARME !!! 5:00 Dentista

viernes 27   Viaje a Panamá. Lasca # 23 6:00 a.m. Pedir limosina. Entrevista con el vicepresidente. Cena de gala.

En parejas 4A

13

Actividad 10:   La visita del presidente

El presidente de Costa Rica llega el mes que viene para pasar un día en tu ciudad. Tu compañero/a y tú tienen que planear el día para el presidente. Aquí tienes una lista de ideas sobre actividades que pueden organizar. Compartan sus ideas y completen la agenda para el presidente. Usa expresiones como:

> **Antes de que baje del avión . . .**
> **. . . en caso de que . . .**
> **. . . a menos que . . .**
> **. . . sin que . . .**
> **. . . para que . . .**

Tú empiezas diciendo: *Tenemos que planear la visita del presidente.*

cena de gala   hospital

guardaespaldas

cámaras   banda

besos   Geraldo Rivera

discurso   ¿algo más?

15 de septiembre

Actividad: **Notas y arreglos especiales:**

8:00 _____   _____

9:00 _____   _____

10:00 _____   _____

11:00 _____   _____

12:00 _____   _____

13:00 _____   _____

14:00 _____   _____

15:00 _____   _____

16:00 _____   _____

17:00 _____   _____

18:00 _____   _____

19:00 _____   _____

20:00 _____   _____

21:00 _____

22:00 _____

Actividad 11: Libertad al fin

Tu nombre es Mata Hari y eres prisionera en "El presidio". La semana que viene saldrás en libertad después de tres años. Ahora estás hablando con tu compañera de prisión, Lola Drones, quien saldrá en libertad mañana, sobre las cosas que harán cuando salgan. Por tu parte, tú no tienes familia y sólo piensas estar en tu "hogar, dulce hogar". Por otra parte, ayer te visitó un amigo y te dijo que el novio de Lola se casó ayer con una millonaria. Tienes que darle la mala noticia, pero debes ser muy diplomática. Usa expresiones como:

La semana próxima saldré de aquí.
¿Qué harás tú mañana?
Yo iré a . . .

Tu compañero/a va a empezar.

Actividad 12:   ¿Cómo lo harán?

Tú ves el siguiente anuncio comercial en un periódico. Te parece imposible hacer lo que el anuncio promete. Descríbele el contenido del anuncio a tu compañero/a y luego traten de pensar en cómo es posible hacer lo que prometen en el anuncio. Usa expresiones como:

> **Leí un anuncio que dice que se puede . . .**
> **¿Cómo harán esto?**
> **¿Operarán a la persona?**
> **Usarán . . .**
> **Es (im)posible . . .**
> **(No) creo que . . .**

Tu compañero/a va a empezar.

Hable japonés como nativo en 30 horas o le devolveremos su dinero.

Leyó bien. En sólo 30 horas Ud. puede hablar japonés como nativo. Esto es gracias a nuestro método excelente y único en el mundo. Ud. podrá aprender japonés en su casa sin tener profesor. Ud. será su propio profesor de japonés. Para obtener más información, llame al 837-0422 y diga "Quiero hablar japonés como nativo".

Tu compañero/a quiere que su amiga, Carmela, conozca a un chico. Tú conoces a los siguientes chicos. Lee las descripciones y luego decide con tu compañero/a cuál es el mejor chico para presentarle a Carmela. Usa expresiones como:

¿Cómo es tu amiga?
Creo que debemos presentarle a . . .
Mi amigo es . . .
Será bueno que conozca a . . .

Tu compañero/a va a empezar.

Paco Galdós: Tiene 24 años y es estudiante de medicina. Es muy simpático. Le interesa mucho aprender idiomas y también leer novelas de Cabrera Infante (cubano) y de Ernesto Cardenal (nicaragüense). Le gusta practicar deportes como el ciclismo y la natación. Participa en manifestaciones políticas y no se considera conservador.

Hernán Molina: Tiene 25 años y es arquitecto. Le encanta viajar por el mundo y conocer diferentes lugares y culturas. Algún día le gustaría vivir en una isla con su familia y construir su propia casa. Es aventurero y le encantan las novelas fantásticas de autores como Bioy Casares y Borges (argentinos). Le gustan todos los deportes acuáticos.

Actividad 14: Las becas Fulbright

Tú y tu compañero/a han sido elegidos/as como representantes estudiantiles para participar en la selección de un profesor o una profesora que va a venir a enseñar en tu ciudad el año que viene. Aquí tienes información sobre uno de los candidatos. Tu compañero/a tiene información sobre otra persona. Llámalo/la por teléfono y hazle preguntas sobre su candidato/a. Después de compartir la información, decidan a cuál de los dos van a recomendar al comité de profesores y justifiquen su decisión. Usa frases como:

¿Cuántos años hace que . . . ?	Es posible que . . .
¿Ha hecho . . . ?	(No) estoy de acuerdo
¿Dónde ha . . . ?	porque . . .
(No) pienso que . . .	Me parece que . . .

Tu compañero/a va a empezar.

Comisión Fulbright
Bogotá, Colombia

La siguiente persona recibió una beca Fulbright para enseñar historia en los Estados Unidos:

Gilberto Picado Vilas
Fecha de nacimiento: 17/4/61
Estado civil: casado
Familia: 2 hijos, esposa
Estudios universitarios: licenciado en historia de la Universidad Javeriana
Promedio: 4,4 en una escala de 1 a 5
Trabajos: Profesor de historia en la escuela pública Simón Bolívar de Cartagena, Colombia (1983-presente); jugador profesional de fútbol en el equipo América de la ciudad de Cali (1979-82).
Idiomas: inglés y francés
Viajes: como futbolista visitó toda Hispanoamérica y muchos países europeos.

Otras actividades: árbitro de fútbol (1983–85); representante de Colombia en la Liga Mundial de Fútbol (1986–88); director de la Liga Juvenil de Fútbol de Cartagena.

Entrevista: encantador, muy abierto; dice que sus alumnos aprenden porque sus clases son interesantes (nadie se duerme), un porcentaje alto de sus alumnos estudian carreras relacionadas con la historia.

Metas: dice que no entiende por qué el fútbol no es más popular en los Estados Unidos; por eso quiere ayudar al entrenador de la escuela. También quiere que alguien le explique el fútbol americano porque le parece muy complicado. Le gustaría enseñar a los colombianos a jugar al fútbol americano.

Actividad 15: La mejor ruta

La ciudad donde Uds. viven está en fiestas y también es época de elecciones; por eso, hay muchas calles cortadas. Esto presenta un gran problema porque Uds. tienen que decidir qué ruta deben tomar las limosinas que van a llevar a los miembros del conjunto musical Menudo al estadio de fútbol donde van a dar un concierto para 180.000 niños y sus padres. El concierto empieza dentro de una hora y media. Cada uno de Uds. tiene en su mapa información sobre diferentes problemas. Vas a hablar con tu compañero/a por walkie-talkie para compartir la información y poder decidir la mejor ruta. Usa frases como:

¿Qué tal la calle . . . ?
¿Y si van por la avenida . . . ?
No es posible porque hay . . .
El bulevar está cortado
entre . . . y . . .

Dudo que . . .
Es mejor que las
limosinas . . .
Es necesario que . . .
Es más rápido si . . .

Tú empiezas diciendo: *Llamando, llamando, ¿me oyes?*

Referencias del mapa:

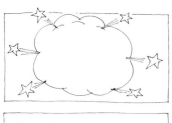 ACCIDENTE

 MERCADO AL AIRE LIBRE

 CONCIERTO

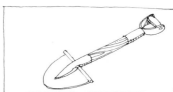 OBRAS

 INCENDIO

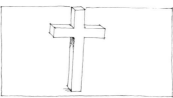 PROCESIÓN RELIGIOSA

 MANIFESTACIÓN

 VERBENA

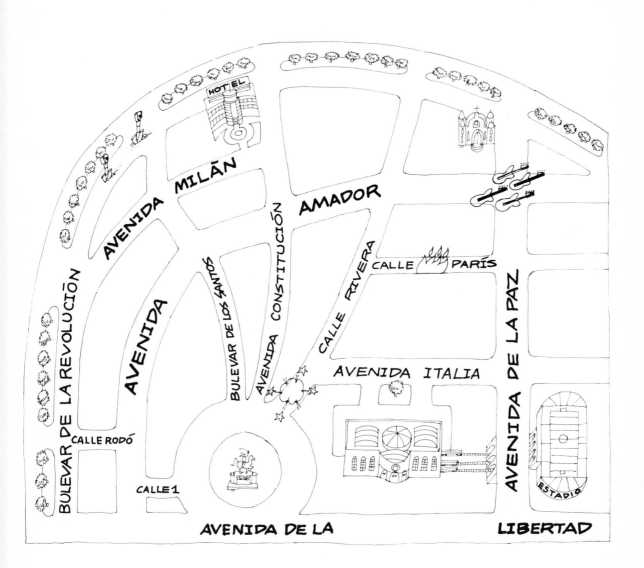

Actividad 16:   ¿Quién recibirá el corazón?

Tú y tu compañero/a son médicos/as en el hospital de la Cruz Roja. Acaban de recibir un corazón para un transplante, pero desafortunadamente hay cuatro pacientes que necesitan este corazón. Habla con el/la otro/a doctor/a sobre tus pacientes y decidan a quién le van a dar el corazón. Usa expresiones como:

> **¿Cómo está el paciente C?**
> **Es una persona que . . .**
> **Es mejor que . . .**
> **No creo que sea bueno . . .**
> **(No) estoy de acuerdo porque . . .**

Tú empiezas diciendo:

> ***Tenemos poco tiempo. Hay que decidir quién va a recibir el corazón.***

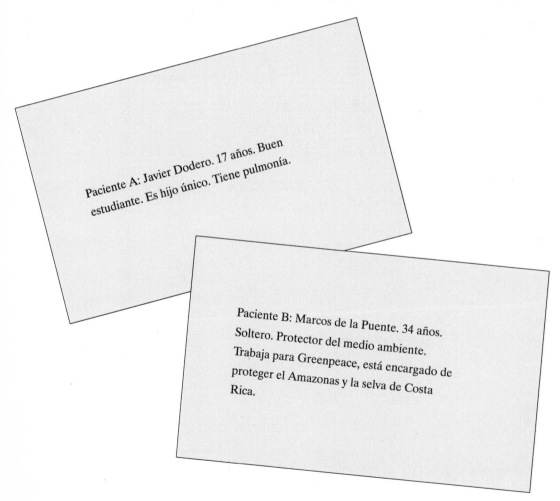

Paciente A: Javier Dodero. 17 años. Buen estudiante. Es hijo único. Tiene pulmonía.

Paciente B: Marcos de la Puente. 34 años. Soltero. Protector del medio ambiente. Trabaja para Greenpeace, está encargado de proteger el Amazonas y la selva de Costa Rica.

Tú y tu compañero/a van a jugar el juego de la pirámide. Tú tienes que dar pistas *(clues)* para que la otra persona adivine las frases que tú tienes en tu pirámide. Por ejemplo, si la frase es *cosas que dijo Gabriel García Márquez,* tú puedes decir: "Me gustó mucho escribir *Cien años de soledad*"; "Fue un honor recibir el premio Nóbel de Literatura". Está prohibido usar las manos. Cuando tu compañero/a adivine correctamente, puedes ir a la siguiente caja. Si tu compañero/a tiene problemas para adivinar una frase, Uds. pueden decir "pasamos" y volver a esa caja más tarde. Van a tener tres minutos para hacer cada pirámide. Cuando terminen de hacer las dos pirámides, sumen el dinero que ganaron.

Tu compañero/a empieza con las pistas para la primera caja. Para adivinar, usa expresiones como:

Cosas que diría . . .
Cosas que hacía . . .
Cosas que hay en una casa.

$25.000.000

$500.000

$300.000

$200.000 $200.000

$100.000 $100.000 $100.000

Ahora tú empiezas con las pistas para la primera caja.

$25.000.000

cosas que diría un zapato

cosas que dirías para que la policía no te diera una multa *(ticket)*

cosas que colecciona la gente

cosas que dijo Colón

cosas de deportes

cosas que la gente hace los fines de semana

cosas que se hacían en los años 60

Actividad 18: Civilizaciones perdidas

Tú y tu compañero/a son arqueólogos que tienen buen sentido del humor. Acaban de volver de dos lugares diferentes donde encontraron unos artefactos muy interesantes. Abajo ves lo que encontraste tú y la cosa que encontró tu compañero/a. No le digas para qué se usaba tu artefacto; oblígale a adivinar el uso a base de preguntas. Después, tú debes adivinar el uso de su artefacto. Usa frases como:

¿Se usaba para . . . ?
¿Era para . . . ?

Tu compañero/a va a empezar.

Quipus, Perú, siglo XIV a XV. Calculadora incaica. Los incas los usaban para hacer cálculos a base de nudos de diferentes tipos y colores.

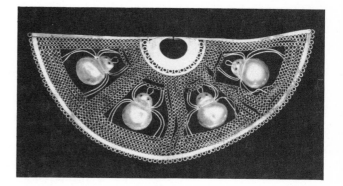

?

Actividad 19: Conflictos en el apartamento

Hace cinco meses que compartes un apartamento con otra persona. Estás harto/a (*fed up*) y hay muchas cosas que te molestan de esta persona. Habla con él/ella para convencerlo/la que se mude a otro apartamento. Usa expresiones como:

Me molesta muchísimo . . .
No aguanto . . .
Es imposible . . .
Me parece que . . .
No puedo vivir . . .
Pienso que tú . . .

Tú empiezas diciendo:

Tenemos que hablar seriamente. No puedo seguir viviendo así.
Me molesta mucho que . . .

Las cosas que te molestan:

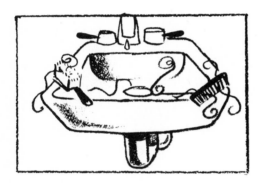 

Tú y tu compañero/a quieren ir a un país hispano para estudiar español este verano. Uds. tienen algunos anuncios de institutos, que encontraron en el periódico. Decidan cuál es el mejor lugar para ir. Usa expresiones como:

Este lugar es tan . . . como . . .
Este lugar es menos / más . . . que . . .
Si escogemos . . . , podremos . . .
Está cerca de . . .

Tu compañero/a va a empezar.

No hay mejor lugar para estudiar español que
ANTIGUA, GUATEMALA
la antigua capital de este país

Lo que dicen nuestros estudiantes sobre el centro:

"Vine por una semana y me quedé un mes."
M. J., Florida

"¡Los profesores son excelentes!"
J. R., Texas

"¡Diez puntos!"
B. J., Indiana

Profesores guatemaltecos
Instituto de gran reputación
Clases pequeñas (sólo 4 estudiantes)
Cursos intensivos (4 horas diarias) y cursos normales
(2 horas diarias)
Infinitos lugares para conocer: Ruinas de Tikal,
Chichicastenango, ciudad de Guatemala, talleres de
artesanías
Hospedaje en pensión con todas las comidas
Antigua es una ciudad pequeña y no se necesita carro.
Es también muy segura.

Centro Guatemalteco de Idiomas
Para obtener más información, llámenos al 90-6090.

Guadalajara, México
Estudie en la Universidad de Guadalajara.

Hablará español muy pronto
Curso intensivo de verano: 6 horas diarias,
5 veces por semana
Grupos pequeños
Niveles: elementales, intermedios y avanzados
Hospedaje en casa de familia.
No hay mejor escuela que una casa.
Actividades especiales:
Excursiones
Actividades sociales
Programas culturales

Para obtener más información, diríjase a: Cursos
Intensivos de Verano, Maestranza 40, Guadalajara,
México (Teléfono: 13-15-91)

Actividad 21:   ¿Qué hubieras hecho tú?

Tu compañero/a te va a contar una historia rara que leyó en el periódico *La Nación* en la columna de la Tía Chucha. Esta columna es muy popular porque siempre tiene historias verdaderas y muy cómicas. Escucha la historia con cuidado y contesta la pregunta de tu compañero/a.

Tú contestas diciendo: ***Si yo hubiera estado en su lugar . . .***

Tu compañero/a va a empezar.

Después, cuéntale a tu compañero/a lo que leíste tú en la columna de la Tía Chucha. Debes hacer las siguientes cosas:

1. Lee la historia.
2. Cierra el libro y cuéntale la historia a tu compañero/a con tus propias palabras sin contarle el final.
3. Pregúntale a tu compañero/a qué hubiera hecho en esta situación.
4. Cuéntale lo que finalmente hizo la persona.

Usa expresiones como:

¿Qué hubieras hecho tú?
¿Por qué . . . ?

Querida Tía Chucha:

La semana pasada fue el aniversario de la fundación de mi escuela y se organizó una fiesta increíble. Se invitó a mucha gente: exprofesores y directores, actores famosos, gobernadores, etc. Había representantes de canales de televisión y de estaciones de radio. Nuestro director había preparado un discurso de diez minutos para leerle a todo el público y yo estaba encargado de la seguridad de la celebración. Ya habían llegado las cámaras de televisión y todo el mundo estaba en el campo de fútbol para escuchar al director. Él estaba sentado al lado mío y cuando se levantó, vi que el cierre de sus pantalones estaba abierto.
¿Qué hubieras hecho tú, Tía Chucha?

Pues, yo me levanté y le dije al público que alguien había llamado para decir que había puesto una bomba. Dije que debíamos interrumpir el evento por diez minutos y revisar el lugar. Si todo estaba bien continuaríamos. Luego fui al director y le dije que tenía el cierre abierto.

Actividad 22:   En cadena

Uds. van a crear una cadena de oraciones relacionadas entre sí a base de cláusulas hipotéticas. Tienen que empezar con una oración y continuar expandiendo sobre el tema. Entre tú y tu compañero/a, deben formar un mínimo de diez oraciones. Tienen que usar la imaginación. Aquí tienes un ejemplo:

¿Qué pasaría si no existieran los ejércitos?
>   *Si no existieran los ejércitos, no tendríamos guerras.*

Si no tuviéramos guerras, no pagaríamos tantos impuestos.
>   *Si no pagáramos tantos impuestos, tendríamos más dinero.*

Si tuviéramos más dinero, podríamos ayudar a los pobres.
>   *Si ayudáramos a los pobres, habría menos problemas en el mundo.*

Si hubiera menos problemas en el mundo, sería un lugar mejor para vivir.

Tú empiezas diciendo: *¿Qué pasaría si los hombres pudieran tener bebés?*

Si quieren seguir, aquí hay otra posibilidad:

>   *¿Qué pasaría si no tuviéramos teléfonos?*

Actividad 23: El avión del futuro

Tú y tu compañero/a trabajan para una compañía que fabrica aparatos para el futuro. Por ejemplo, uno de los ingenieros acaba de inventar un teléfono para usar en casa, que funciona como contestador automático, fax, modem y hasta cajero automático que da dinero en efectivo. Para usarlo no necesitas nada porque la máquina reconoce tu voz. Lo bueno es que sólo va a costar el doble de un teléfono común y corriente. Ahora, la compañía quiere que tú y tu compañero/a hagan los planos para el avión del futuro. Uds. tienen que diseñar el interior del avión. Obviamente, deben tener en cuenta los problemas típicos de los aviones. Compartan ideas y diseñen el avión del futuro en un papel. Usa frases como:

Uno de los problemas es . . .   Es necesario que . . .
Me molesta mucho cuando . . .   Si tuviera camas, los
La última vez que volé . . .   pasajeros . . .
Quizás podamos . . .   Habría espacio para un
Es mejor que el avión . . .   comedor si . . .

Tú empiezas diciendo: *¡Por fin, nos dejan diseñar un avión práctico!*

Un avión típico:

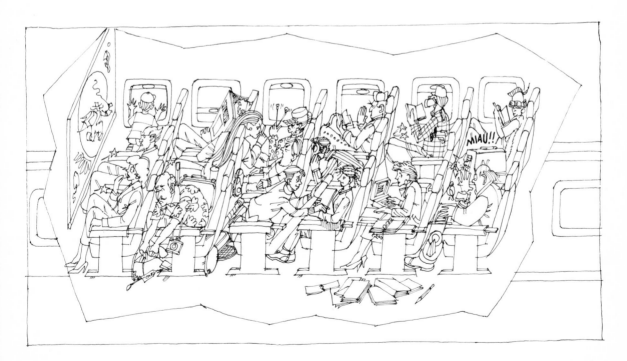

Actividad 24: El Dorado

Tú y tu compañero/a van a jugar para ver quién puede encontrar primero El Dorado. Para llegar a El Dorado, tienen que pasar por bosques, selvas, desiertos y montañas. Tú tienes veinticinco preguntas y sus respuestas correspondientes. Vas a leerle las preguntas a tu compañero/a y él/ella va a intentar contestarlas. Si contesta correctamente, él/ella avanza y tú continúas preguntando. Si tu compañero/a no sabe la respuesta, pierde su turno, se queda donde está y te toca a ti contestar preguntas. Entonces, tu compañero/a va a hacerte preguntas hasta que tú cometas un error o no puedas contestar. Pueden usar una moneda para marcar dónde están. El juego continúa así hasta que alguien encuentre El Dorado.

Tu compañero/a va a empezar.

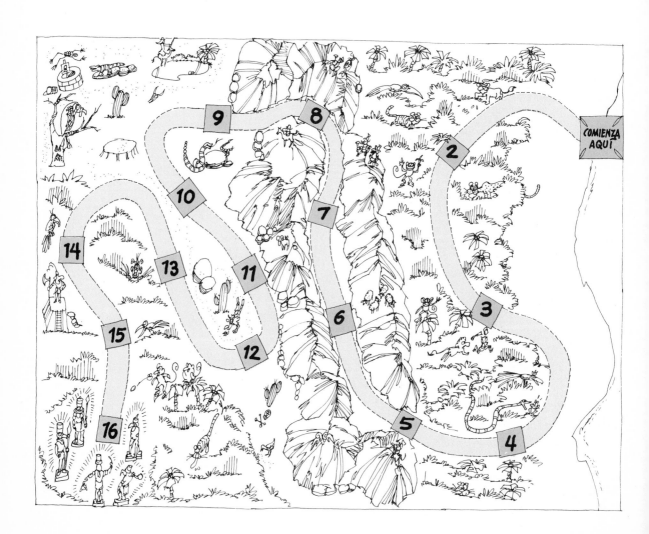

1. ¿Cómo se llama uno de los dos países suramericanos que no tiene costa?
   Bolivia, Paraguay

2. ¿Cómo se llama la moneda española?
   la peseta

3. ¿Con qué país se asocia la música del
   tango?
   Argentina

4. ¿Cómo se llama el líder comunista que
   tomó el poder en Cuba en 1959?
   Fidel Castro

5. En España se hablan el español y tres idiomas más. ¿Puedes nombrar uno de los tres?
   el catalán, el vascuense, el gallego

6. ¿De dónde es el sombrero panamá?
   de Ecuador

7. ¿Cómo se llama el autor colombiano que
   ganó el Premio Nóbel de Literatura y escribió *Cien años de soledad*?
   Gabriel García Márquez

8. ¿Cómo se llama la primera ciudad fundada
   en lo que hoy en día son los Estados Unidos?
   San Agustín, la Florida

9. ¿Qué es la merienda?
   *una comida pequeña que se toma por la
   tarde (snack)*

10. Hay dos países en la Península Ibérica.
    ¿Cuáles son?
    España y Portugal

11. ¿Cómo se llama el jugador de béisbol puer-
    torriqueño que se murió en un accidente de
    avión en Centroamérica mientras trataba
    de ayudar a las víctimas de un terremoto?
    Roberto Clemente

12. ¿Cómo se llaman las montañas de Sur-
    américa?
    los Andes

13. ¿Quién exploró la Florida en busca de la
    Fuente de la Juventud?
    Ponce de León

14. ¿Cuál es la capital de Uruguay?
    Montevideo

15. ¿De qué país es la paella, un plato delicio-
    so de arroz, mariscos, pollo y azafrán?
    de España

16. ¿Cómo se llama un té de hierbas que es
    muy popular en Argentina y Uruguay?
    mate

17. Charles Darwin estudió su teoría de la
    evolución en estas islas que son parte de
    Ecuador. ¿Cómo se llaman estas islas?
    las Islas Galápagos

18. ¿En que ciudad está el Museo del Prado?
    Madrid

19. ¿Cuál es el origen del nombre de Bolivia?
    *recibió su nombre en honor a Simón Bolívar
    (el Wáshington de Suramérica)*

20. ¿Cómo se llama la única mujer que ha
    recibido un Tony, un Grammy, un Emmy y
    un Oscar?
    Rita Moreno

21. ¿Qué hace un cubano con *ropa vieja*?
    la come (es un plato típico de Cuba)

22. ¿Qué idioma se habla en Brasil?
    portugués

23. ¿Cuál de los países suramericanos tiene
    costa con el Caribe y el Pacífico?
    Colombia

24. Hay ocho estados de los Estados Unidos que
    tienen nombres de origen español. ¿Puedes
    nombrar cinco?
    *Arizona, California, Nevada, Florida, Colo-
    rado, Montana, Texas, Nuevo México*

25. ¿Cómo se llama el animal de carga, de la
    familia del camello, que usan los indios en
    los Andes?
    la llama

Actividad 25: Amigos íntimos

Ahora debes conocer a tu compañero/a bastante bien. Abajo hay unas oraciones sobre tu compañero/a. Termínalas usando lo que has aprendido de él/ella. Después, habla con tu compañero/a para compartir la información.

Tú empiezas diciendo:

Si tú pudieras vivir en cualquier lugar, vivirías en
_____ **porque . . .**
            (un lugar)

---

1. Si mi compañero/a pudiera vivir en cualquier lugar viviría en
_____ .
        (un lugar)

2. Si mi compañero/a fuera un vegetal, sería _____ .
                                    (un vegetal)

3. Si mi compañero/a fuera un coche, sería un _____ .
                                    (una marca de coche)

4. Si mi compañero/a ganara la lotería, _____ .

5. Si mi compañero/a ganara una medalla de oro en los Juegos Olímpicos, sería en
_____ .
        (un deporte)

6. La cosa que más me gusta de mi compañero/a es que _____
_____ .

7. La cosa más interesante de mi compañero/a es que _____
_____ .

8. En el año 2010 mi compañero/a _____
_____ .

NOTAS NOTAS NOTAS NOTAS NOTAS NOTAS NOTAS NOTAS NOTAS NOTAS

NOTAS NOTAS NOTAS NOTAS NOTAS NOTAS NOTAS NOTAS NOTAS

En parejas   4

ESTUDIANTE B

Actividad 1: La línea de tu vida

Completa la siguiente línea con, por lo menos, cinco años o fechas importantes de tu vida. Luego mira la línea de la vida de tu compañero/a y hazle preguntas como las siguientes:

¿Qué ocurrió en . . . ?
¿Por qué es esta fecha importante para ti?
¿Qué estabas haciendo cuando . . . ?
¿Qué hacías normalmente cuando . . . ?

X ⎯⎯⎯⎯⎯⎯⎯⎯⎯⎯⎯⎯⎯⎯⎯⎯⎯⎯⟶

fecha de nacimiento   **hoy**

Tu compañero/a va a empezar.

Actividad 2: ¿Iguales o diferentes?

Tú y tu compañero/a tienen seis dibujos. Algunos son iguales y otros son diferentes. Tu compañero/a va a describir los números pares (2, 4, 6) y tú vas a decidir, a base de su descripción, si los dibujos son idénticos o si tienen diferencias. Quizás tengas que hacerle algunas preguntas para estar seguro/a. Tú vas a describirle los números impares (1, 3, 5) a tu compañero/a.

Tú empiezas diciendo: **En mi dibujo hay . . .**

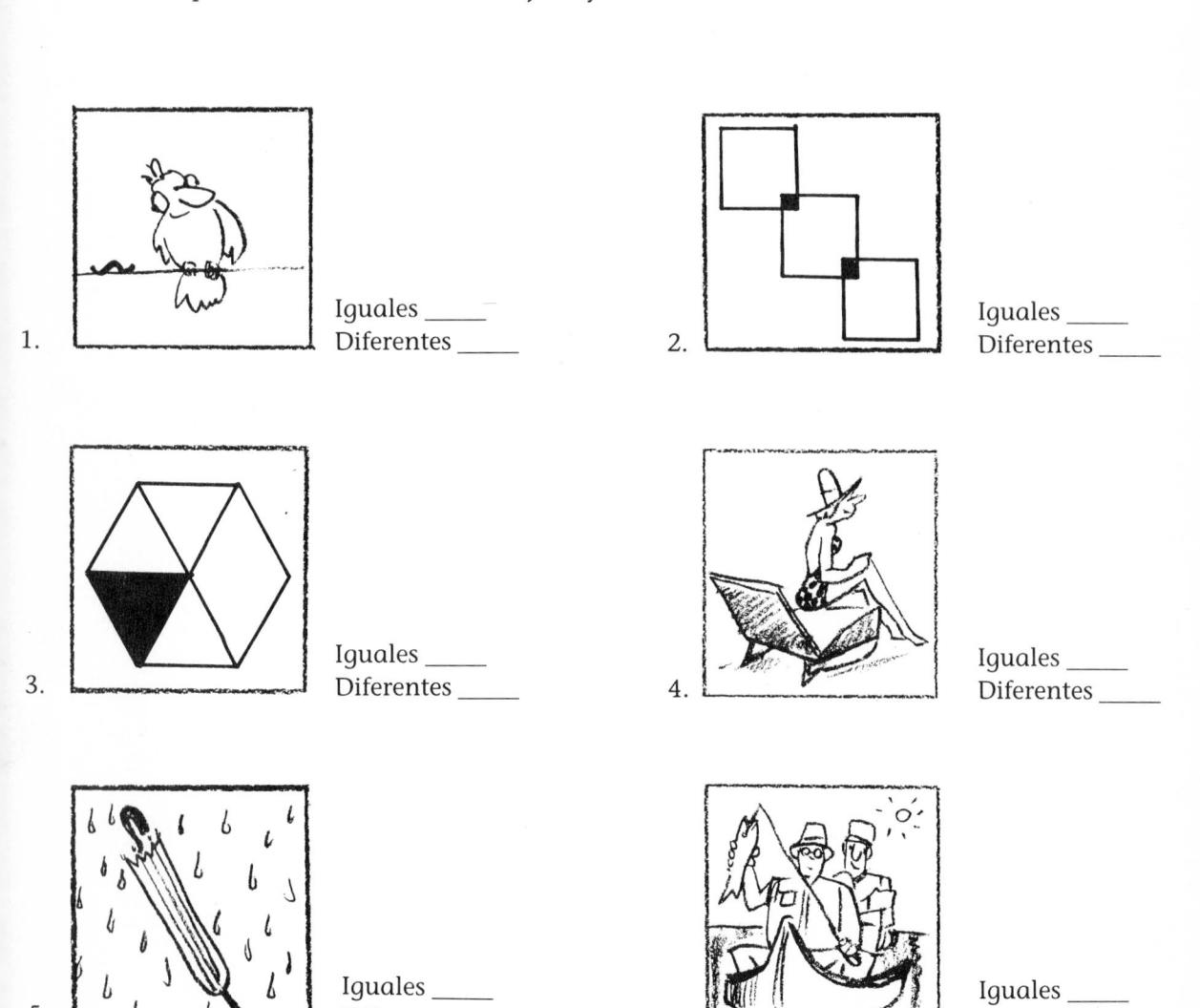

1. Iguales _____
   Diferentes _____

2. Iguales _____
   Diferentes _____

3. Iguales _____
   Diferentes _____

4. Iguales _____
   Diferentes _____

5. Iguales _____
   Diferentes _____

6. Iguales _____
   Diferentes _____

Actividad 3:   Recuerdos de la infancia

Estás con tu mejor amigo/a recordando las cosas que hacían y que hicieron cuando eran niños/as. En la siguiente caja tienes algunas cosas típicas que les ocurren a los niños y que ellos hacen. Usa expresiones como:

Todos los fines de semana mirábamos . . .
¿Recuerdas cuando . . . ?
Un día . . .
¿Qué hacías durante las vacaciones de verano?

Tú empiezas diciendo: **¿Recuerdas cuando éramos niños/as y . . . ?**

apendicitis

pelar (shave) a mi hermana

jugar al Monopolio

Ábrete Sésamo   tocar el violín

Hace cuarenta y cinco años que estás casado y ahora estás con tu esposa recordando los años en que eran novios. El siguiente es un dibujo de tu cabeza con algunas cosas que recuerdas. Al hablar, usa expresiones como:

Cuando éramos jóvenes . . .
Un día fuimos . . .
Nos casamos . . .
¡Qué mala memoria tienes!
¡No es verdad!

Tu compañero/a va a empezar.

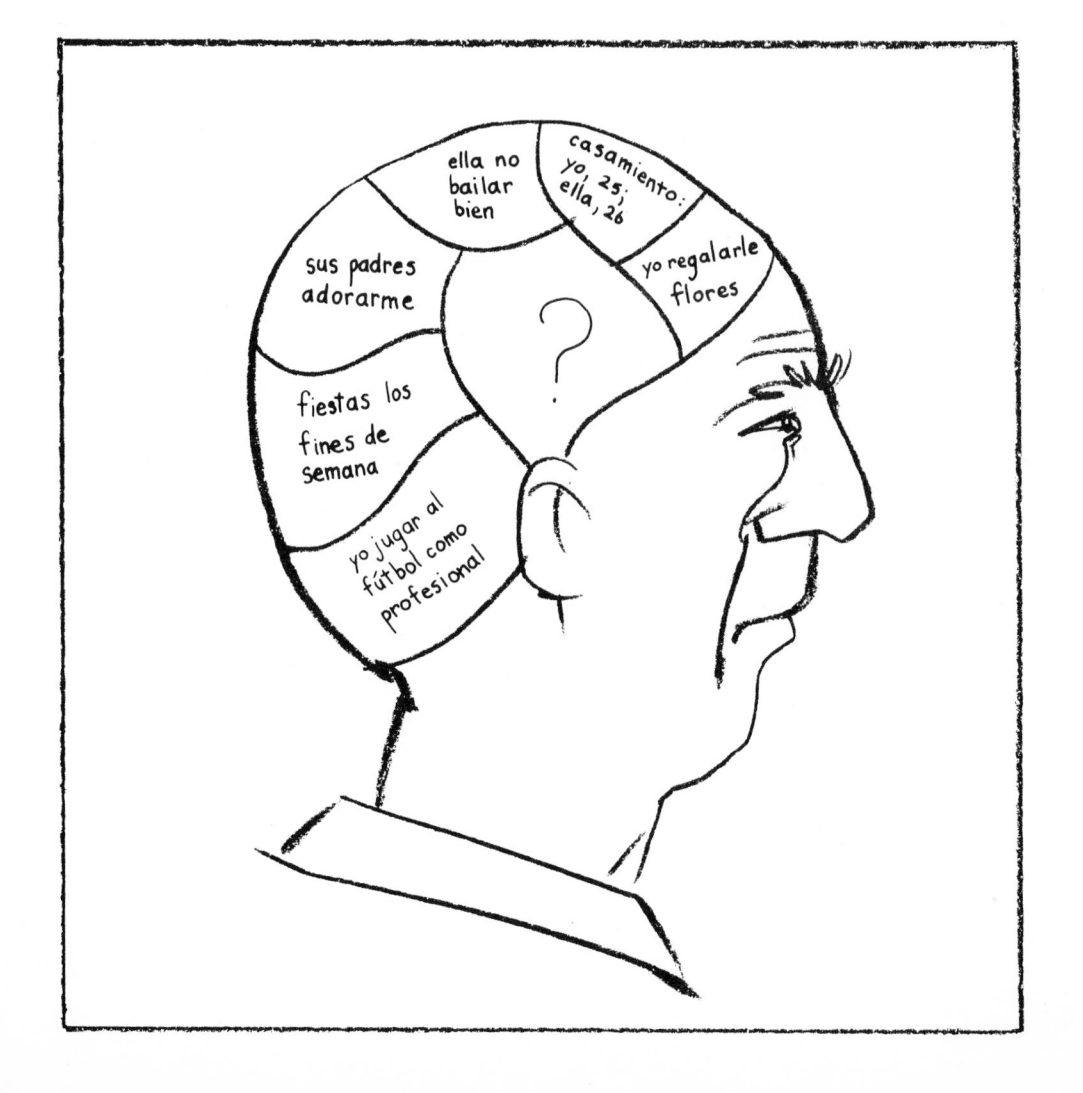

Actividad 5: La vida de Evita

Tú y tu compañero/a tienen información incompleta sobre la vida de Eva Perón, la mujer más poderosa de la historia de Argentina. Compartan información para completar su biografía. Haz preguntas como:

¿Qué ocurrió en el año . . . ?   **¿Dónde vivía?**
¿En qué año fue a . . . ?   **¿Qué hizo ella en 1946?**
¿Con quién se casó?

Tu compañero/a va a empezar.

Eva Perón 1919–1952

1919   María Eva Duarte nace _____ , un pequeño pueblo a 320 km de Buenos Aires. Hija ilegítima. Vive en _____ .

1934   Llega a Buenos Aires con un famoso guitarrista y cantante de tangos. Trabaja como actriz.

1941   Empieza a trabajar para _____. Gana $15 por mes.

1944   Conoce a Juan Domingo Perón en una reunión para ayudar a las víctimas de un terremoto en la provincia de San Juan. Ella tiene _____ años, él 48 años. Perón comienza a ser popular gracias a Evita.

_____   Se casan en secreto.

1946   Perón es nombrado presidente de la República Argentina. Evita es ahora dueña de
_____ y _____. Es obligatorio tener la
foto de Evita en todos los establecimientos públicos. Eva nombra a un cuñado gobernador y
a su hermana inspectora de escuelas. Ella quiere ser _____, pero
los militares se oponen.

1947   Viaja a Europa sin Perón. Lleva en su avión _____, _____,
un cura jesuita, 108 trajes con sus joyas correspondientes. España gasta un millón de
dólares en su recibimiento. Aparece en la cubierta de la revista _____.

1952   Se enferma de cáncer y muere el _____. Tiene 33 años. Los negocios
cierran por tres días. Junto a su cuerpo las flores llegan a una altura de unos seis metros.
_____ de personas van a verla. Dieciséis personas mueren en su funeral y
cuatro mil tienen que ser hospitalizadas. A los cuatro meses de morir Evita, echan a Perón
del gobierno. Se esconde el cadáver de Evita; más tarde se manda secretamente a _____
y muchos años después a _____. Perón pasa muchos años en el extranjero sin poder
volver a su país.

_____   Perón es nombrado presidente de Argentina y su nueva esposa, Isabelita, es nombrada
vicepresidente.

1974   Muere Perón y su esposa lleva el cadáver de Evita a Buenos Aires. Ahora está enterrado en
un cementerio a diez metros bajo tierra en una tumba que puede resistir

_____.

Actividad 6: El terremoto

Vives en Santiago, Chile. Anoche hubo en tu ciudad un terremoto de 6.3 en la escala de Richter. Hoy estás hablando con un/a amigo/a sobre lo que estaban haciendo antes del terremoto y lo que pasó después. Tú estabas visitando a tus abuelos y quieres explicarle lo que pasó allí anoche. Mira los dos dibujos y cuéntale lo que pasó. Usa frases como:

Había . . .	**. . . cuando de repente . . .**
En la televisión . . .	**El zapato de mi abuela . . .**
La ventana estaba . . .	**Y después la pecera . . .**
Estábamos . . .	**El gato comió . . .**

Tú empiezas diciendo: *¡No vas a creer lo que me pasó ayer durante el terremoto!*

Actividad 7: Se necesita . . .

Tú estás buscando trabajo para el verano. Si es posible, prefieres que sea en otro país. Viste este anuncio en el periódico:

> Se busca acompañante para viaje estudiantil a España y a Inglaterra. Julio y agosto. Sueldo, viaje, seguros incluidos. Responsable, buen nivel de inglés, y preferiblemente con experiencia. Llamar al 394 87 65.

Te interesa el puesto y decides llamar para obtener más información y ver si es lo que buscas. Has hecho apuntes sobre tu experiencia y también tienes una lista de preguntas sobre el puesto. Llama para averiguar más información y poder decidir si te interesa el trabajo. Usa frases como:

Quisiera información sobre . . .   **Viajé a . . .**
He hecho / visitado . . .   **Durante el verano de 1981 . . .**

Tu compañero/a va a empezar.

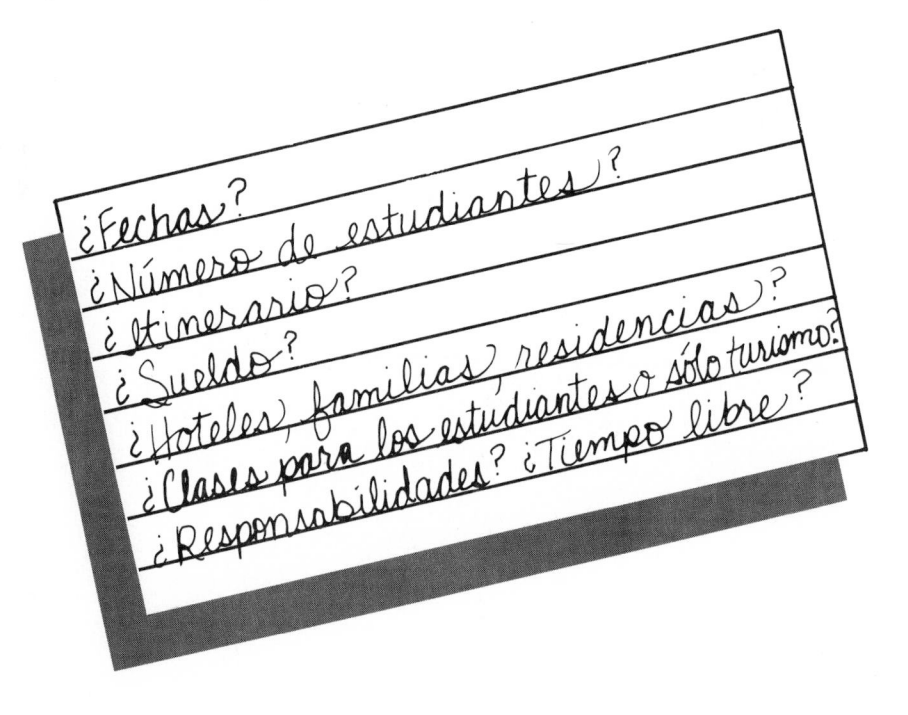

¿Fechas?
¿Número de estudiantes)?
¿Itinerario?
¿Sueldo?
¿Hoteles, familias, residencias)?
¿Clases para los estudiantes o sólo turismo?
¿Responsabilidades? ¿Tiempo libre?

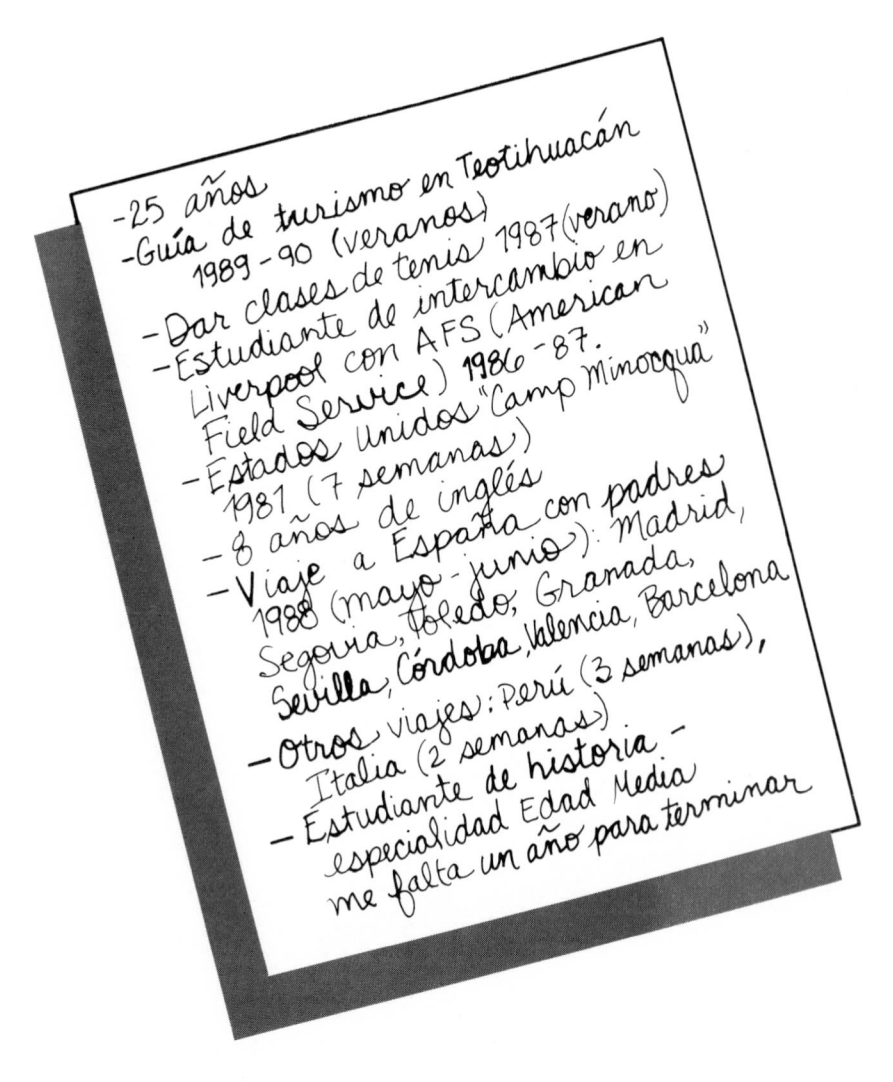

-25 años
-Guía de turismo en Teotihuacán
  1989-90 (veranos)
 -Dar clases de tenis 1987 (verano)
 -Estudiante de intercambio en
  Liverpool con AFS (American
  Field Service) 1986-87.
 -Estados Unidos "Camp Minocqua"
  1981 (7 semanas)
 -8 años de inglés
 -Viaje a España con padres
  1988 (mayo-junio): Madrid,
  Segovia, Toledo, Granada,
  Sevilla, Córdoba, Valencia, Barcelona
 -Otros viajes: Perú (3 semanas),
  Italia (2 semanas)
 -Estudiante de historia -
  especialidad Edad Media
  me falta un año para terminar

Actividad 8:   El viaje problemático

Tú fuiste de viaje a Bariloche, un centro de esquí en Argentina, y tuviste muchos problemas. Ahora vas a contarle el viaje a tu compañero/a. Intenta convencer a tu compañero/a de que tu viaje fue peor que el viaje de él/ella. Usa expresiones como:

Tuve mala suerte.
Estaba en una cafetería cuando de repente . . .
¿Qué te ocurrió?
Mi viaje fue peor porque . . .

Tu compañero/a va a empezar.

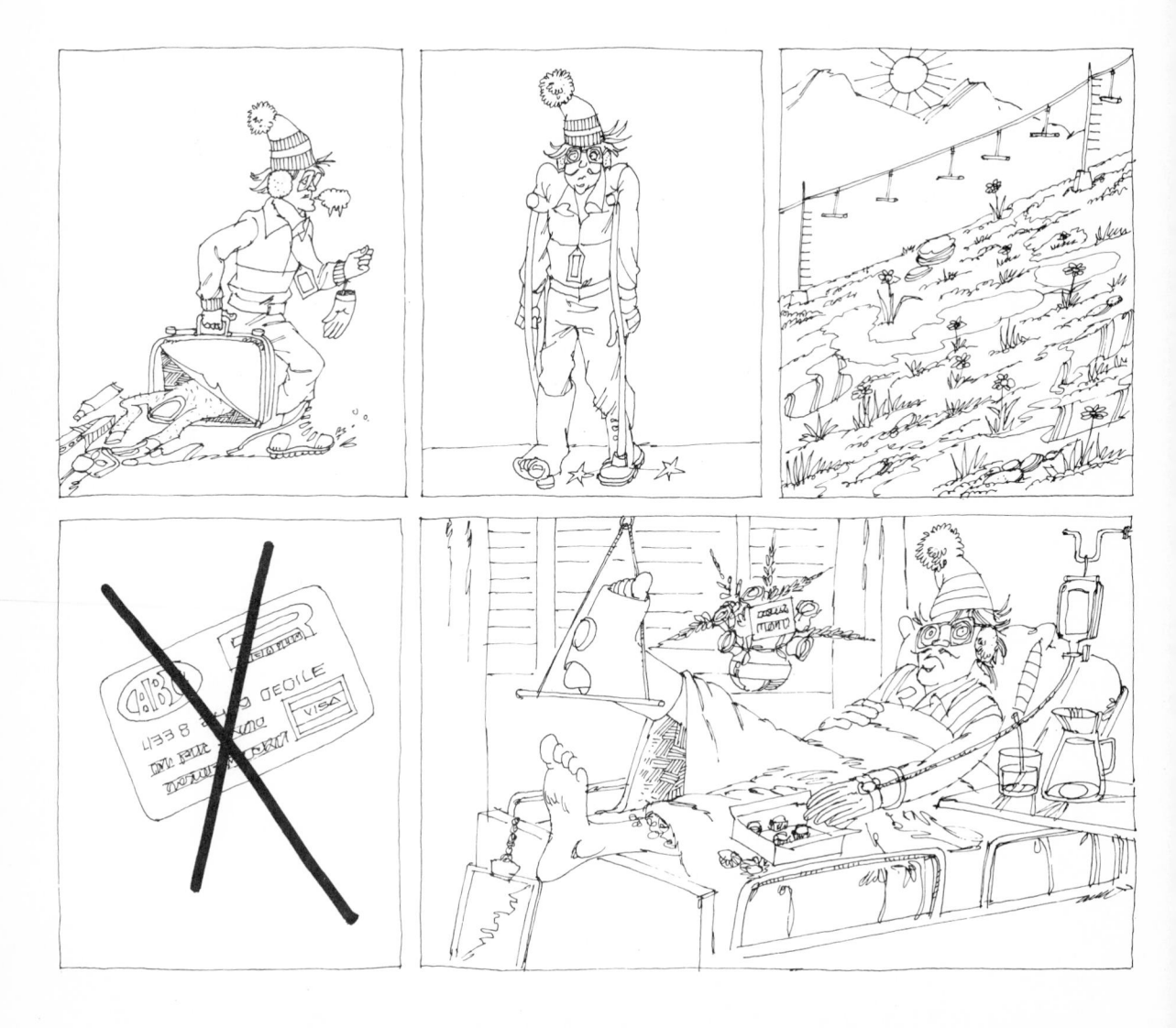

En parejas 4B

Actividad 9: Los mensajes para la jefa

Tú eres el/la secretario/a de la Sra. Trabamucho. Tu jefa estaba en un viaje de negocios ayer, lunes, y hoy volvió a la oficina. Tú anotaste algunos mensajes y ahora tu jefa te pregunta quién llamó. Usa expresiones como:

Llamó . . . y dice que (no) vaya Ud. . . .
Él/Ella quiere que Ud. . . .

Tú empiezas diciendo: ***Buenos días, señora.***

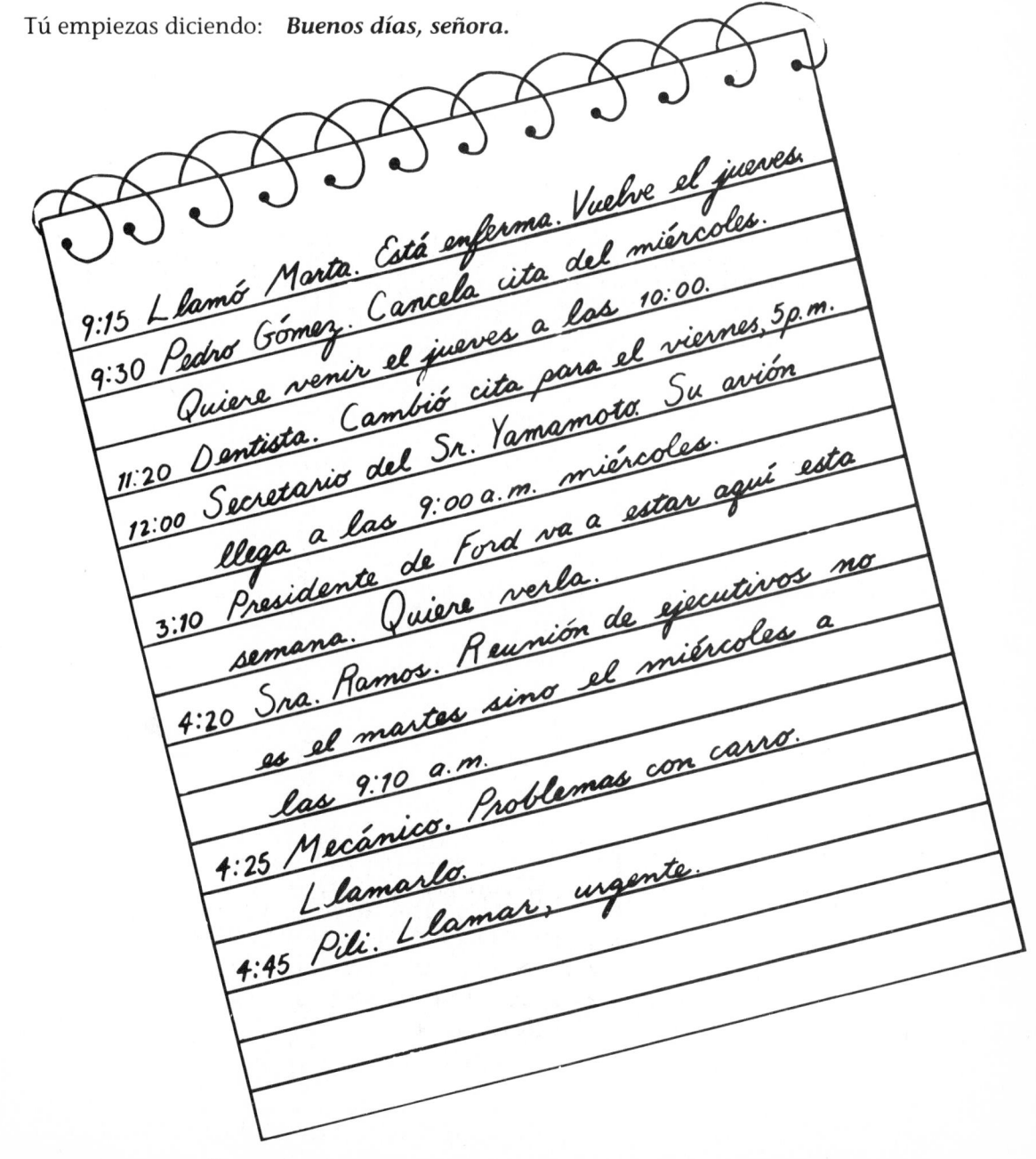

9:15 Llamó Marta. Está enferma. Vuelve el jueves.

9:30 Pedro Gómez. Cancela cita del miércoles. Quiere venir el jueves a las 10:00.

11:20 Dentista. Cambió cita para el viernes, 5 p.m.

12:00 Secretario del Sr. Yamamoto. Su avión llega a las 9:00 a.m. miércoles.

3:10 Presidente de Ford va a estar aquí esta semana. Quiere verla.

4:20 Sra. Ramos. Reunión de ejecutivos no es el martes sino el miércoles a las 9:10 a.m.

4:25 Mecánico. Problemas con carro. Llamarlo.

4:45 Pili. Llamar, urgente.

Actividad 10:   La visita del presidente

El presidente de Costa Rica llega el mes que viene para visitar tu ciudad. Tu compañero/a y tú tienen que planear el día para el presidente. Aquí tienes una lista de ideas sobre actividades que pueden organizar. Compartan sus ideas y completen la agenda para el presidente. Usa expresiones como:

> **Antes de que baje del avión . . .**
> **. . . en caso de que . . .**
> **. . . a menos que . . .**
> **. . . sin que . . .**
> **. . . para que . . .**

Tu compañero/a va a empezar.

alfombra roja   niños

escuela

periodistas

gente famosa

monumento histórico

flores

¿algo más?   Barbara Walters

15 de septiembre

Actividad: **Notas y arreglos especiales:**

8:00 _____   _____

9:00 _____   _____

10:00 _____   _____

11:00 _____   _____

12:00 _____   _____

13:00 _____   _____

14:00 _____   _____

15:00 _____   _____

16:00 _____   _____

17:00 _____   _____

18:00 _____   _____

19:00 _____   _____

20:00 _____   _____

21:00 _____   _____

22:00 _____   _____

Actividad 11: Libertad al fin

Tu nombre es Lola Drones y eres prisionera en "El presidio". Mañana saldrás en libertad después de cinco años. Ahora estás hablando con tu compañera de prisión, Mata Hari, quien saldrá en libertad la semana próxima, sobre las cosas que harán cuando salgan. Mientras estuviste en la prisión, tu novio venía a visitarte una vez por mes y estás muy feliz porque él prometió que mañana vendría a buscarte. Por otra parte, ayer te visitó una amiga y te dijo que la casa de Mata había sido totalmente destruida en un incendio. Tienes que darle la mala noticia, pero sabes que está enferma del corazón y no quieres asustarla. Tienes que ser muy diplomática. Usa expresiones como:

Mañana saldré de aquí.
¿Qué harás tú la semana próxima?
Yo iré a . . .

Tú empiezas diciendo: *¡Qué suerte! Mañana saldré de aquí.*

Actividad 12:   ¿Cómo lo harán?

Tú ves el siguiente anuncio comercial en un periódico. Te parece imposible hacer lo que el anuncio promete. Descríbele el contenido del anuncio a tu compañero/a y luego traten de pensar en cómo es posible hacer lo que prometen en el anuncio. Usa expresiones como:

> **¿Cómo harán esto?**
> **¿Operarán a la persona?**
> **Usarán . . .**
> **Es (im)posible . . .**
> **(No) creo que . . .**

Tú empiezas diciendo: *Leí un anuncio que dice que se puede . . .*

Actividad 13: ¿A quién invitamos?

Quieres que tu amiga, Carmela, conozca a un chico. Habla con tu compañero/a para ver si conoce a la persona ideal para ella. Aquí tienes una descripción de tu amiga. Usa expresiones como:

¿Conoces a alguien que . . . ?
Mi amiga es . . .
¿Cómo es tu amigo?
Quiero que tú le presentes a . . . porque . . .

Tú empiezas diciendo: *Tengo una amiga y quiero . . .*

Carmela tiene 20 años. Es una chica muy sensata, inteligente y un poco tímida. Estudia literatura hispanoamericana en la universidad. Le gusta mucho hablar de política y se considera una persona liberal. Quiere casarse algún día y quisiera que su esposo se ocupara de cuidar a los niños con ella. Los fines de semana le gusta practicar algún deporte o simplemente quedarse en casa leyendo novelas o mirando televisión.

Actividad 14: Las becas Fulbright

Tú y tu compañero/a han sido elegidos/as como representantes estudiantiles para participar en la selección de un profesor o una profesora que va a venir a enseñar en tu ciudad el año que viene. Aquí tienes información sobre uno de los candidatos. Tu compañero/a, que tiene información sobre otra persona, te va a llamar por teléfono. Hazle preguntas sobre su candidato/a. Después de compartir la información, decidan a cuál de los dos van a recomendar al comité de profesores y justifiquen su decisión. Usa frases como:

¿Cuántos años hace que . . . ?   **Es posible que . . .**
¿Ha hecho . . . ?   **(No) estoy de acuerdo**
¿Dónde ha . . . ?   **porque . . .**
(No) pienso que . . .   **Me parece que . . .**

Tú empiezas diciendo: **¿Aló?**

Comisión Fulbright
Bogotá, Colombia

```
La siguiente persona recibió una beca Fulbright
para enseñar historia en los Estados Unidos:

Ana María Rojas Cárdenas
Fecha de nacimiento: 18/2/59
Estado civil: soltera
Familia: la mayor de 10 hermanos, madre viuda, primera per-
   sona de su familia con título universitario
Estudios universitarios: licenciada en historia de la
   Universidad de los Andes
Promedio: 4,2 en una escala de 1 a 5
Trabajos: profesora de historia en el Colegio de los
   Jesuitas (1982-presente); especialidad: historia
   contemporánea hispanoamericana; aeromoza para la línea
   aérea Avianca (1980-82).
Idiomas: inglés y alemán
```

Viajes: como aeromoza conoció todo el hemisferio occidental (incluso las grandes ciudades de los Estados Unidos) y muchos países de Europa y Asia; estudiante de intercambio en Francfort, Alemania, con "Experiment in International Living" (1974-75).

Otras actividades: socia del Club de Atletismo (segunda en el maratón de Madrid y octava en el maratón de Boston), posible representante de Colombia en las próximas Olimpiadas; presidenta de la Asociación de Profesores de Escuelas Privadas de Colombia; trabaja como voluntaria ayudando a madres solteras y viudas en Bogotá.

Entrevista: buen sentido del humor, muestra interés por sus estudiantes, dice que ganó el premio de mejor profesora (elegida por los alumnos).

Metas: dice que quiere estudiar el programa de "Big Brothers and Big Sisters" en los Estados Unidos para poder empezar un programa parecido en Colombia. También quiere empezar un programa de intercambio entre su escuela y una escuela de los Estados Unidos.

Actividad 15: La mejor ruta

La ciudad donde Uds. viven está en fiestas y también es época de elecciones; por eso, hay muchas calles cortadas. Esto presenta un gran problema porque Uds. tienen que decidir qué ruta deben tomar las limosinas que van a llevar a los miembros del conjunto musical Menudo al estadio de fútbol donde van a dar un concierto para 180.000 niños y sus padres. El concierto empieza dentro de una hora y media. Cada uno de Uds. tiene en su mapa información sobre diferentes problemas. Vas a hablar con tu compañero/a por walkie-talkie para compartir la información y poder decidir la mejor ruta. Usa frases como:

¿Qué tal la calle . . . ?　　　　　　　**Dudo que . . .**
¿Y si van por la avenida . . . ?　　　　**Es mejor que las**
No es posible porque hay . . .　　　　　　**limosinas . . .**
El bulevar está cortado　　　　　　　　**Es necesario que . . .**
**　entre . . . y . . .**　　　　　　　　　　**Es más rápido si . . .**

Tu compañero/a va a empezar.

Referencias·del mapa:

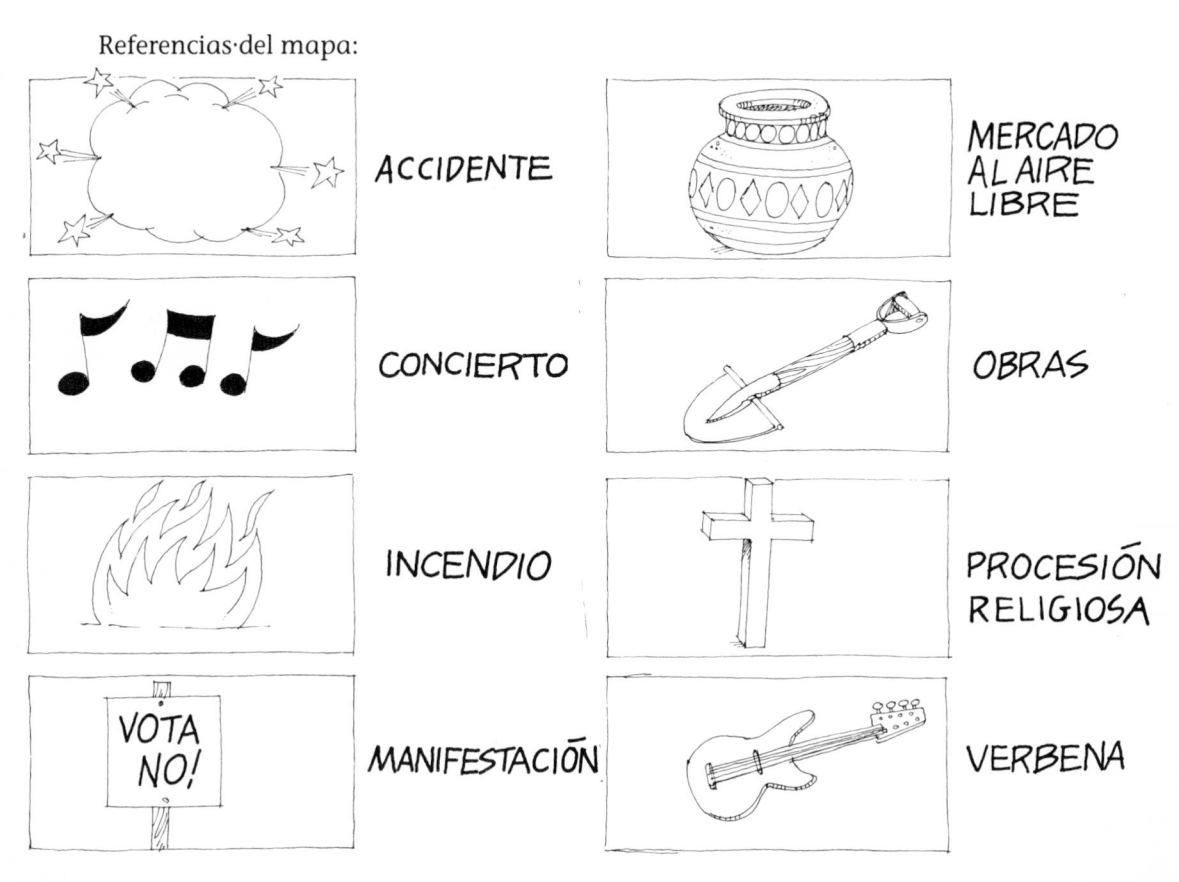

ACCIDENTE

MERCADO AL AIRE LIBRE

CONCIERTO

OBRAS

INCENDIO

PROCESIÓN RELIGIOSA

MANIFESTACIÓN

VERBENA

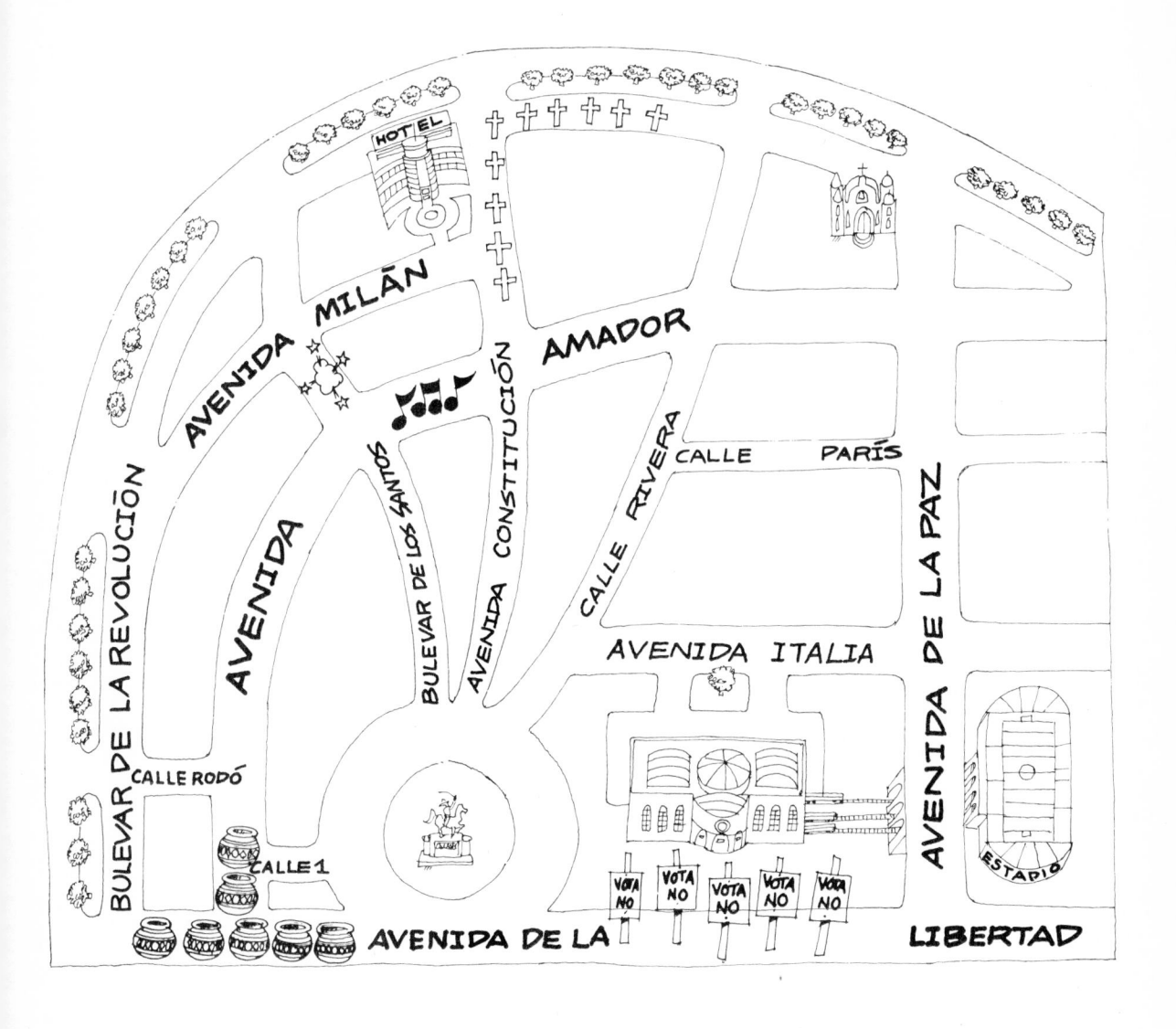

Tú y tu compañero/a son médicos/as en el hospital de la Cruz Roja. Acaban de recibir un corazón para un transplante, pero desafortunadamente hay cuatro pacientes que necesitan este corazón. Habla con el/la otro/a doctor/a sobre tus pacientes y decidan a quién le van a dar el corazón. Usa expresiones como:

¿Cómo está el paciente A?
Es una persona que . . .
Es mejor que . . .
No creo que sea bueno . . .
(No) estoy de acuerdo porque . . .

Tu compañero/a va a empezar.

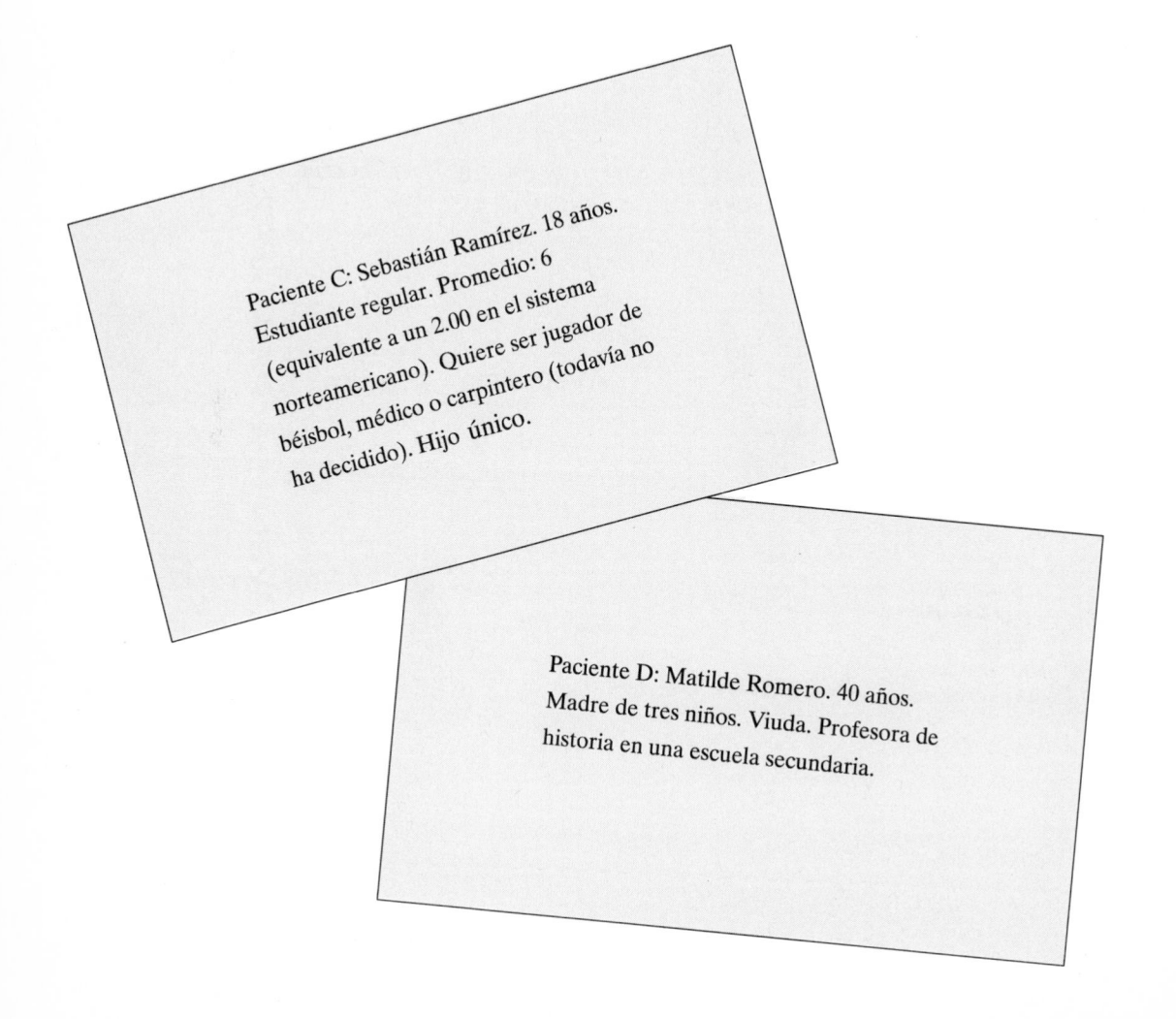

Paciente C: Sebastián Ramírez. 18 años. Estudiante regular. Promedio: 6 (equivalente a un 2.00 en el sistema norteamericano). Quiere ser jugador de béisbol, médico o carpintero (todavía no ha decidido). Hijo único.

Paciente D: Matilde Romero. 40 años. Madre de tres niños. Viuda. Profesora de historia en una escuela secundaria.

Actividad 17:   La pirámide de los $25 millones

Tú y tu compañero/a van a jugar el juego de la pirámide. Tú tienes que dar pistas *(clues)* para que la otra persona adivine las frases que tú tienes en tu pirámide. Por ejemplo, si la frase es *cosas que dijo Gabriel García Márquez,* tú puedes decir: "Me gustó mucho escribir *Cien años de soledad*"; "Fue un honor recibir el premio Nóbel de Literatura". Está prohibido usar las manos. Cuando tu compañero/a adivine correctamente, puedes ir a la siguiente caja. Si tu compañero/a tiene problemas para adivinar una frase, Uds. pueden decir "pasamos" y volver a esa caja más tarde. Van a tener tres minutos para hacer cada pirámide. Cuando terminen de hacer las dos pirámides, sumen el dinero que ganaron.

Tú empiezas con las pistas para la primera caja.

$25.000.000

- cosas que diría una flor
- cosas que harías si vieras un accidente grave
- cosas que se regalan para un cumpleaños
- cosas que dijo Martin Luther King
- cosas de una oficina
- cosas que la gente hace durante las vacaciones
- cosas que hacías cuando eras niño/a

Ahora, para adivinar las respuestas de la pirámide de tu compañero/a, usa expresiones como:

Cosas que diría . . .
Cosas que hacía . . .
Cosas que hay en una casa.

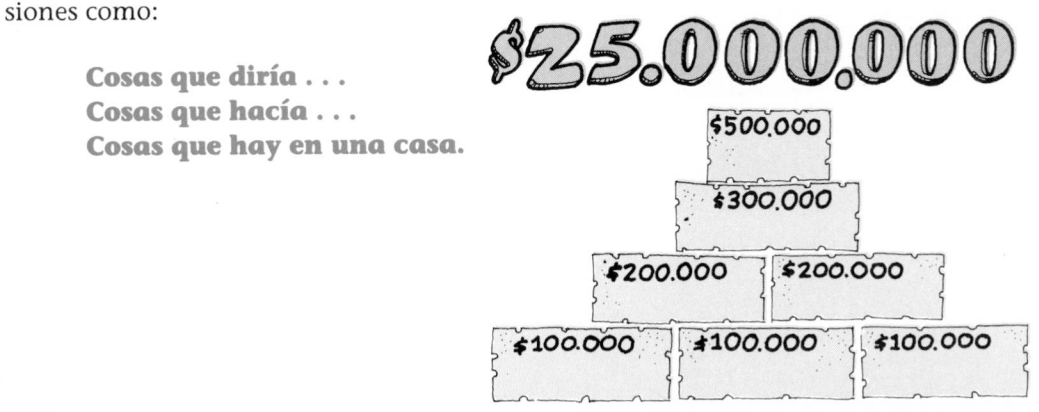

$25.000.000

- $500.000
- $300.000
- $200.000
- $200.000
- $100.000
- $100.000
- $100.000

Tú y tu compañero/a son arqueólogos que tienen buen sentido del humor. Acaban de volver de dos lugares diferentes donde encontraron unos artefactos muy interesantes. Abajo ves lo que encontraste tú y la cosa que encontró tu compañero/a, pero no te va a decir para qué se usaba su artefacto; tienes que averiguar el uso a base de preguntas. Después, tú debes hacerle adivinar el uso de tu artefacto. Usa frases como:

¿Se usaba para . . . ?
¿Era para . . . ?

Tú empiezas diciendo: *¡Qué interesante! ¿Se usaba en alguna ceremonia?*

?

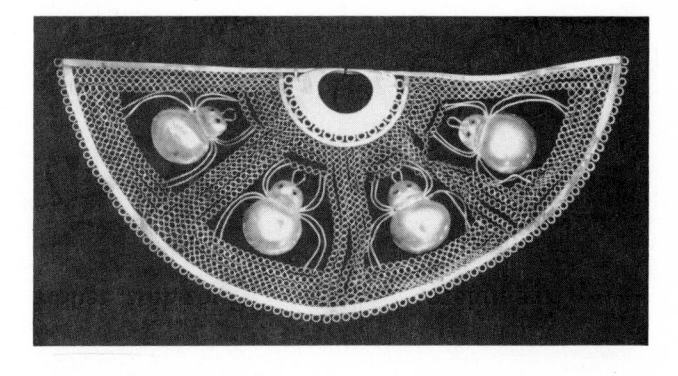

Nariguera (pendiente para la nariz) hecho de oro con diseños de arañas, Perú, siglo I a.C. a I d.C. De los indios mochicas en la costa norte de Perú. Mide casi doce centímetros de ancho.

Hace cinco meses que compartes un apartamento con otra persona. En general, tú no piensas que haya problemas aunque hay algunas cositas que te molestan de esta persona. Ahora él/ella quiere hablarte de las cosas que le molestan de ti. Es posible que quiera que te mudes a otro apartamento, pero a ti te gusta el apartamento porque está cerca de tu trabajo y no quieres mudarte. Intenta llegar a un acuerdo, pero recuerda que hay cosas que te gusta hacer y que no quieres cambiar. Usa expresiones como:

Si tú no hablas . . . , yo no . . .
Lo podríamos intentar.

Tu compañero/a va a empezar.

Las cosas que te molestan:

Tú y tu compañero/a quieren ir a un país hispano para estudiar español este verano. Uds. tienen algunos anuncios de institutos, que encontraron en el periódico. Decidan cuál es el mejor lugar para ir. Usa expresiones como:

Este lugar es tan . . . como . . .
Este lugar es menos / más . . . que . . .
Si escogemos . . . , podremos . . .
Está cerca de . . .

Tú empiezas diciendo: ***Vi un anuncio hoy para estudiar en Guadalajara, México.***

Guadalajara, México
Estudie en la Universidad de Guadalajara.

Hablará español muy pronto
Curso intensivo de verano: 6 horas diarias,
5 veces por semana
Grupos pequeños
Niveles: elementales, intermedios y avanzados
Hospedaje en casa de familia.
No hay mejor escuela que una casa.
Actividades especiales:
Excursiones
Actividades sociales
Programas culturales

Para obtener más información, diríjase a: Cursos Intensivos de Verano, Maestranza 40, Guadalajara, México (Teléfono: 13-15-91)

Español en una playa de Costa Rica
Estudia español mientras descansas en Moctezuma, Costa Rica.

Sí, leíste bien. El **Instituto de Idiomas Lenguafácil** enseña sus cursos de español en una playa desierta cerca de una cascada para que te relajes y así puedas aprender mejor el idioma.
También incluimos clases en español de navegación y de windsurfing.
Nuestros profesores no hablan una palabra de inglés.
Hospedaje: cabañas en la playa.
Número limitado de personas.

¡¡¡¡¡¡¡Inscríbete ya!!!!!!!!!

Para obtener más información, escribe a:
I.I.L.
Apartado 548-1000
Av. 6, Calle 3
San José, Costa Rica
o llama al: 24 83 76

Actividad 21:   ¿Qué hubieras hecho tú?

Esta carta se publicó en la columna de la Tía Chucha del periódico *La Nación*. Esta columna es muy popular porque siempre tiene historias verdaderas y muy cómicas. Ahora debes hacer las siguientes cosas:

1. Lee la historia.
2. Cierra el libro y cuéntale la historia a tu compañero/a con tus propias palabras sin contarle el final.
3. Pregúntale a tu compañero/a qué hubiera hecho en esta situación.
4. Cuéntale lo que finalmente hizo la persona.

Tú empiezas contándole la historia a tu compañero/a.

Querida Tía Chucha:

El sábado pasado me invitaron a la inauguración del Restaurante "Hula Hula". La dueña es una vecina y ella me recibió en la puerta. El restaurante es muy lujoso y había mucha gente famosa. Yo estaba un poco nerviosa porque ¡me sentaron en una mesa con Julio Iglesias y Marisa Mores, que evalúa restaurantes para un periódico! Pedí un gazpacho (una sopa fría de verduras y tomate) y, de segundo plato, bistec con papas. Me trajeron la sopa y cuando metí la cuchara, me di cuenta de que había una mosca. No sabía qué hacer porque no quería ofender a la dueña del restaurante. ¿Qué hubieras hecho tú, Tía Chucha?

Pues yo, finalmente, llamé al camarero y le dije que yo no sabía que un gazpacho fuera una sopa fría y que lo que yo realmente quería comer era una sopa caliente. Le pedí disculpas y me trajo una sopa caliente.

Ahora tu compañero/a te va a contar lo que leyó en otra columna de la Tía Chucha. Escucha la historia con cuidado y contesta la pregunta de tu compañero/a.

Tú contestas diciendo: ***Si yo hubiera estado en su lugar . . .***

Tu compañero/a va a empezar.

Actividad 22: En cadena

Uds. van a crear una cadena de oraciones relacionadas entre sí a base de cláusulas hipotéticas. Tienen que empezar con una oración y continuar expandiendo sobre el tema. Entre tú y tu compañero/a, deben formar un mínimo de diez oraciones. Tienen que usar la imaginación. Aquí tienes un ejemplo:

¿Qué pasaría si no existieran los ejércitos?
> **Si no existieran los ejércitos, no tendríamos guerras.**

Si no tuviéramos guerras, no pagaríamos tantos impuestos.
> **Si no pagáramos tantos impuestos, tendríamos más dinero.**

Si tuviéramos más dinero, podríamos ayudar a los pobres.
> **Si ayudáramos a los pobres, habría menos problemas en el mundo.**

Si hubiera menos problemas en el mundo, sería un lugar mejor para vivir.

Tu compañero/a va a empezar.

Después de trabajar con la pregunta de tu compañero/a, hazle esta pregunta:
> *¿Qué pasaría si encontráramos civilizaciones en otro planeta?*

Si quieren seguir, aquí hay otra posibilidad:
> *¿Qué pasaría si los perros pudieran hablar?*

Actividad 23:   El avión del futuro

Tú y tu compañero/a trabajan para una compañía que fabrica aparatos para el futuro. Por ejemplo, uno de los ingenieros acaba de inventar un teléfono para usar en casa, que funciona como contestador automático, fax, modem y hasta cajero automático que da dinero en efectivo. Para usarlo no necesitas nada porque la máquina reconoce tu voz. Lo bueno es que sólo va a costar el doble de un teléfono común y corriente. Ahora, la compañía quiere que tú y tu compañero/a hagan los planos para el avión del futuro. Uds. tienen que diseñar el interior del avión. Obviamente, deben tener en cuenta los problemas típicos de los aviones. Compartan ideas y diseñen el avión del futuro en un papel. Usa frases como:

Uno de los problemas es . . .	**Es necesario que . . .**
Me molesta mucho cuando . . .	**Si tuviera camas, los**
La última vez que volé . . .	**pasajeros . . .**
Quizás podamos . . .	**Habría espacio para un**
Es mejor que el avión . . .	**comedor si . . .**

Tu compañero/a va a empezar.

Un avión típico:

Actividad 24: El Dorado

Tú y tu compañero/a van a jugar para ver quién puede encontrar primero El Dorado. Para llegar a El Dorado, tienen que pasar por bosques, selvas, desiertos y montañas. Tú tienes veinticinco preguntas y sus respuestas correspondientes. Vas a leerle las preguntas a tu compañero/a y él/ella va a intentar contestarlas. Si contesta correctamente, él/ella avanza y tú continúas preguntando. Si tu compañero/a no sabe la respuesta, pierde su turno, se queda donde está y te toca a ti contestar preguntas. Entonces, tu compañero/a va a hacerte preguntas hasta que tú cometas un error o no puedas contestar. Pueden usar una moneda para marcar dónde están. El juego continúa así hasta que alguien encuentre El Dorado.

Tú empiezas leyéndole la primera pregunta a tu compañero/a.

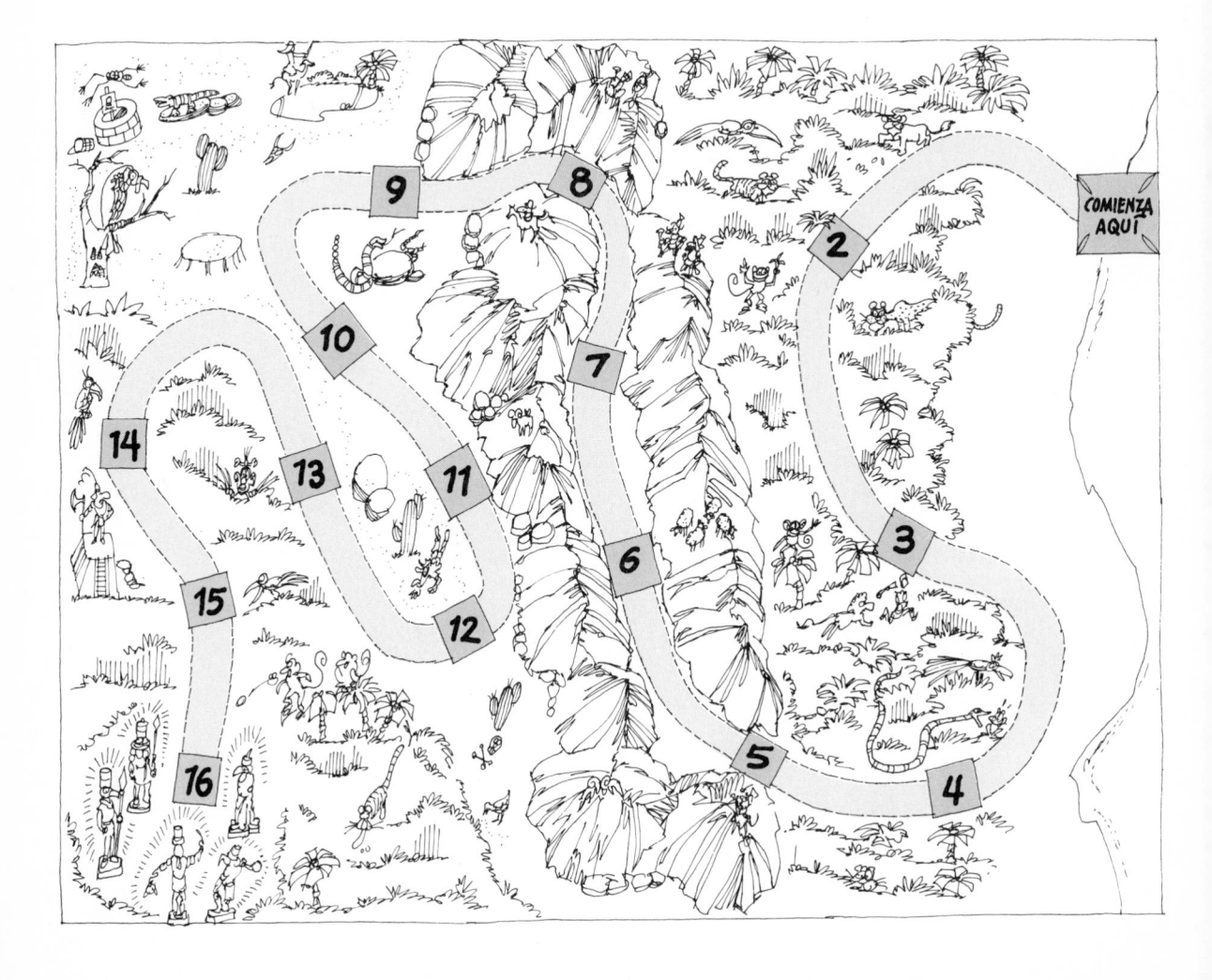

1. ¿Cómo se llama uno de los dos países centroamericanos que tiene frontera con México?
   Guatemala, Belice

2. ¿Cómo se llamaban los tres barcos de Cristóbal Colón?
   la Niña, la Santa María y la Pinta

3. ¿Cuáles son los dos ingredientes más importantes de la sangría?
   vino y fruta

4. ¿Con qué país se asocian los aztecas?
   México

5. ¿Quién escribió *El ingenioso hidalgo Don Quijote de la Mancha*?
   Miguel de Cervantes

6. El lago Titicaca está entre dos países suramericanos. ¿Cuáles son?
   Bolivia y Perú

7. ¿Quién pintó el cuadro *Guernica* y se lo conoce como el padre del cubismo?
   Pablo Picasso

8. La ópera rock *Evita* se basa en la vida de la esposa de un presidente argentino. ¿Cómo se llamaba él?
   Juan Perón

9. ¿Qué es una guayabera?
   una camisa para hombres, común en los climas cálidos de Hispanoamérica

10. ¿Cómo se llamaban los Reyes Católicos?
    Isabel y Fernando

11. En los Estados Unidos tenemos *cowboys*. ¿Cómo se llaman los *cowboys* de Argentina?
    gauchos

12. ¿Cómo se llama la moneda de Puerto Rico?
    el dólar (es la misma moneda que en los Estados Unidos)

13. ¿Con qué país se asocia la música de los mariachis?
    México

14. ¿Cómo se llaman las montañas que están entre España y Francia?
    los Pirineos

15. ¿Cómo se llamaba el dictador de Chile que gobernó entre 1973 y 1989?
    Pinochet

16. ¿Cuál es la ciudad perdida de los incas?
    Machu Picchu

17. ¿Cómo se llama el país que está entre España y Francia?
    Andorra

18. ¿Cómo se llama uno de los dos países suramericanos que no tiene frontera con Brasil?
    Ecuador, Chile

19. ¿Quiénes invadieron España en el año 711 y estuvieron allí hasta 1492?
    los moros (los árabes, los musulmanes)

20. ¿Cómo se llama el río que separa los Estados Unidos de México?
    el río Grande (el río Bravo)

21. ¿De qué país es el *burrito* que se puede comer en Taco John's, Taco Bell y otros restaurantes?
    de los Estados Unidos (se originó en Texas)

22. ¿Por qué invadieron Panamá las tropas de los Estados Unidos en el año 1989?
    para detener al General Noriega

23. ¿Cuál es uno de los países suramericanos que exporta mucho petróleo?
    Venezuela, Ecuador

24. ¿Cuál es la ciudad del hemisferio occidental que tiene más habitantes?
    la Ciudad de México

25. ¿Cómo se llaman los dos países que forman la isla de Hispaniola?
    Haití y la República Dominicana

Ahora debes conocer a tu compañero/a bastante bien. Abajo hay unas oraciones sobre tu compañero/a. Termínalas usando todo lo que has aprendido de él/ella. Después, habla con tu compañero/a para compartir la información.

Tu compañero/a va a empezar.

1. Si mi compañero/a comprara una casa, estaría en _____ .
   (un lugar)

2. Si mi compañero/a fuera un animal, sería _____ .
   (un animal)

3. Si mi compañero/a fuera un color, sería _____ .
   (un color)

4. Si mi compañero/a pudiera conocer a una persona famosa, querría conocer a _____ .
   (un nombre)

5. Si mi compañero/a tuviera dinero para hacer un viaje, iría a

   _____ .
   (un lugar)

6. La cosa que más me gusta de mi compañero/a es que _____

   _____ .

7. La cosa más interesante de mi compañero/a es que _____

   _____ .

8. En el año 2010 mi compañero/a _____

   _____ .

NOTAS NOTAS NOTAS NOTAS NOTAS NOTAS NOTAS NOTAS NOTAS NOTAS

NOTAS NOTAS NOTAS NOTAS NOTAS NOTAS NOTAS NOTAS NOTAS

NOTAS NOTAS NOTAS NOTAS NOTAS NOTAS NOTAS NOTAS NOTAS

NOTAS NOTAS NOTAS NOTAS NOTAS NOTAS NOTAS NOTAS NOTAS